近代中外条约图志

JINDAI
ZHONGWAI
TIAOYUE
TUZHI

葛剑雄　费杰　著

江苏人民出版社

图书在版编目(CIP)数据

近代中外条约图志/葛剑雄,费杰著. --南京：
江苏人民出版社,2022.12
　　ISBN 978-7-214-24635-6

　　Ⅰ.①近… Ⅱ.①葛… ②费… Ⅲ.①不平等条约-
研究-中国-近代 Ⅳ.①D829.15

中国版本图书馆 CIP 数据核字(2020)第 014471 号

书　　名	近代中外条约图志
著　　者	葛剑雄　费　杰
责 任 编 辑	孟　璐
特 约 编 辑	石　路
装 帧 设 计	潇　枫
责 任 监 制	王　娟
出 版 发 行	江苏人民出版社
地　　址	南京市湖南路 1 号 A 楼,邮编:210009
照　　排	江苏凤凰制版有限公司
印　　刷	江苏凤凰扬州鑫华印刷有限公司
开　　本	652 毫米×960 毫米　1/16
印　　张	17.5
字　　数	226 千字
版　　次	2022 年 12 月第 1 版
印　　次	2022 年 12 月第 1 次印刷
标 准 书 号	ISBN 978-7-214-24635-6
定　　价	98.00 元

(江苏人民出版社图书凡印装错误可向承印厂调换)

目 录

第一章　近代中外条约概述 …………………………… 001

第二章　近代中外条约与中国疆界变迁 ………………… 023

　　一、东北疆界变迁 ………………………………… 023

　　二、北部疆界变迁 ………………………………… 038

　　三、西北疆界变迁 ………………………………… 044

　　四、西南疆界变迁 ………………………………… 055

　　五、海疆变迁 ……………………………………… 065

第三章　通商口岸 ……………………………………… 083

　　一、沿海沿江地区的通商口岸 …………………… 084

　　二、内陆地区的通商口岸 ………………………… 099

第四章　租界 …………………………………………… 120

第五章　鸦片贸易与条约 ……………………………… 146

第六章　赔款 …………………………………………… 156

第七章　传教 …………………………………………… 170

第 八 章　游历 …………………………………… 184
　　一、庞佩利 …………………………………… 188
　　二、李希霍芬 ………………………………… 190
　　三、斯坦因 …………………………………… 192
　　四、伯希和 …………………………………… 195
　　五、克拉克 …………………………………… 196

第 九 章　路矿 …………………………………… 198
　　一、近代矿业与中外条约 …………………… 198
　　二、近代铁路与中外条约 …………………… 209

第 十 章　驻军 …………………………………… 232

第十一章　关于中国向外国道歉、惩办高级官员的条款 … 240

结　　语　不平等条约的废除 …………………… 246

第一章　近代中外条约概述

中华文明是世界上最古老的文明之一。近代以前,中华文明基本上处于自主发展的过程中。中国相较世界其他地区而言,周边有大山大洋的阻隔,地理位置相对独立,中华民族正是在这块土地上创造了辉煌灿烂的文明。

16世纪以来,越来越多的西方探险家、商人、传教士来到了对于他们而言充满神秘色彩的中国。中国也渐渐卷入世界近代化的大潮中,慢慢走出了相对独立的状态,而与西方文明有了越来越多的接触。但在19世纪,这样的接触呈现了另一种状态:战争、走私贸易、割地赔款等将中国从自给自足的状态拉向了半殖民地半封建的形态。

1840—1842年的鸦片战争,中国战败,被迫与英国签订《南京条约》(也称《江宁条约》,图1-1)。此后,一个个条约就与中国近代史如影随形,其中大多数是不平等条约。腐朽没落、愚昧无知、昏庸无能的晚清政府,无力招架资本主义列强的坚船利炮、威逼利诱,被迫与其签订《南京条约》《瑷珲条约》《天津条约》《北京条约》《马关条约》《辛丑条约》等一个又一个丧权辱国的不平等条约。尤其清王朝在中日甲午战争和八国联军侵华战争中相继惨败,被迫签订极其屈辱的《马关条约》和《辛丑条约》后,中国彻底沦为半殖民地半封建社会,犹如案上鱼肉一般任人宰割,国家主权和尊严被无情践踏,资源财富被肆意掠夺,民族危机空前严重。

资本主义列强以武力恫吓或政治施压、欺诈等手段,胁迫中国签订条约,这些条约由于缔约双方的地位不平等,所以被称为不平等条约。有些条约虽然表面上是相互平等的,但因为中外国力不对等,往往是对列强有利,所以实际上也是不平等的。

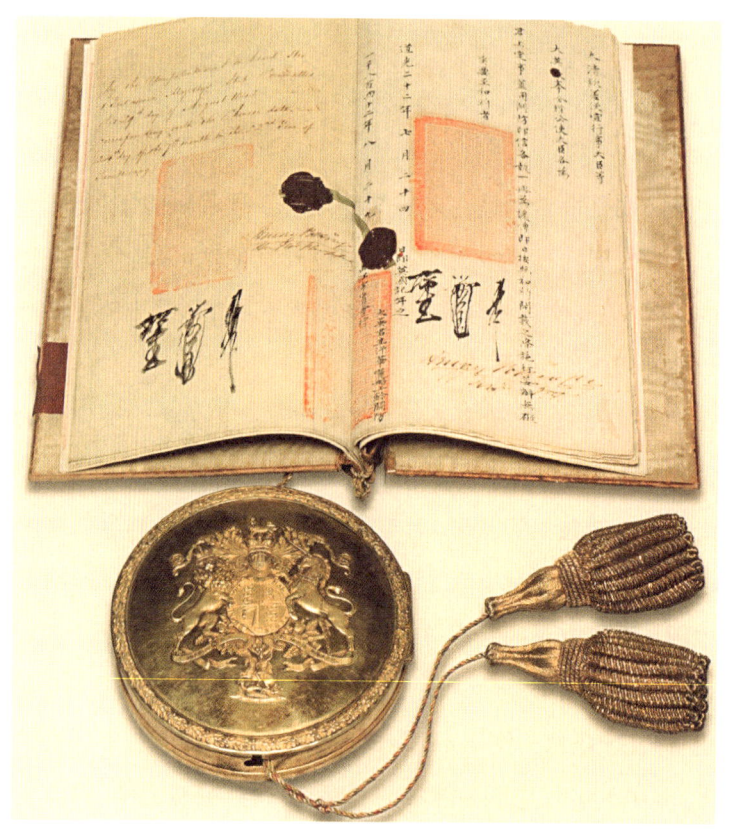

图1-1 中英《南京条约》签名页①

这些条约都严重侵害了我国的国家主权和利益,资本主义列强通过不平等条约,从我国攫取了诸多权益,如:领土、租界、赔款、筑路、开矿、游历、传教以及开设通商口岸等,并利用这些特权加深对中国的侵

① 台北故宫博物院藏。

略,不仅在主权方面对我国鲸吞蚕食,而且在经济、社会领域对我国产生了深远的影响。

近代中国历届政府与世界许多国家签署过条约。王铁崖所编的《中外旧约章汇编》①共收录条约1182部,最早为1689年清政府与沙俄帝国签署的《尼布楚条约》,而最晚为1949年8月25日,由中华民国外交部与意大利共和国于广州签署的《关于贸易关系的换文》。《中国对外条约辞典(1689—1949)》②相较《中外旧约章汇编》,又增补了174部,总数达1356部。

近代中外签署条约数量巨大,但从签订条约的时间上来说大体可分为三个阶段。第一阶段为1840—1860年。鸦片战争,中国战败,中英签订《南京条约》,随后,中美、中法相继签订《望厦条约》《黄埔条约》。这些条约的缔结,使英、美、法从我国攫取了片面最惠国待遇、协定关税、在通商口岸租地建房、领事裁判权等不平等权益。此外,《南京条约》还涉及割让领土、赔款等问题。第二次鸦片战争中国战败,中英、中法、中俄、中美又分别签订《天津条约》(1858年),后英法联军再度侵华,中英、中法、中俄又签订《北京条约》(1860年)(图1-2、图1-3、图1-4),各国将攫取的非法权益进一步扩大化:扩大对外贸易、获取内河航运权、使鸦片贸易合法化等。此外,俄国还从中国攫取了大片领土。

第二阶段为1860—1919年,这一阶段中,清政府大兴洋务,并一度自诩"同治中兴"。然而1895年中日甲午战争中国惨败,并与日本签订丧权辱国的中日《马关条约》(又称《中日讲和条约》)(图1-5)。1900年八国联军侵华并攻入北京,清朝战败,被迫于1901年与11国订立极其屈辱的《辛丑条约》(图1-6、图1-7)。中国在半殖民地半封建的泥淖越陷越深,民族危机空前严重(图1-8)。

---

① 王铁崖编:《中外旧约章汇编》,生活·读书·新知三联书店1962年版。
② 朱寰、王恒伟主编:《中国对外条约辞典(1689—1949)》,吉林教育出版社1994年版。

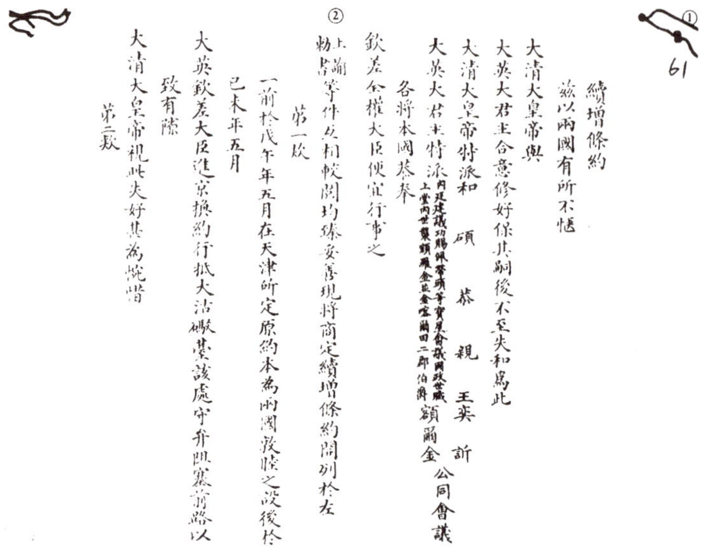

图 1-2　中英《北京条约》首页①

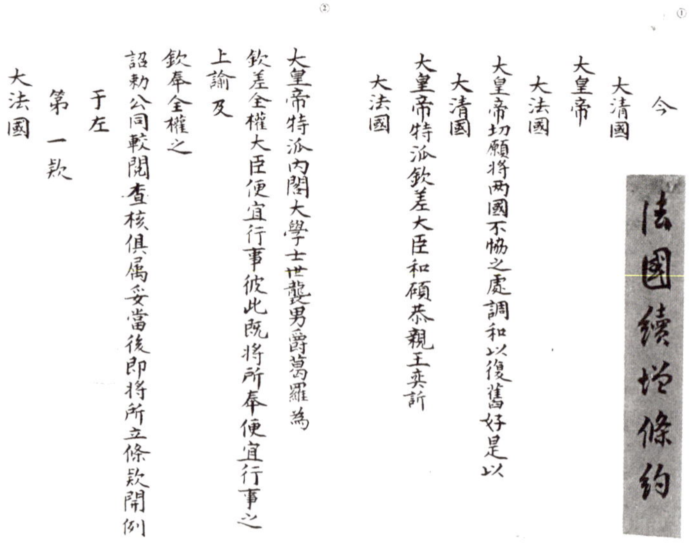

图 1-3　中法《北京条约》首页②

----

① 台北故宫博物院藏。
② 同上。

第一章　近代中外条约概述

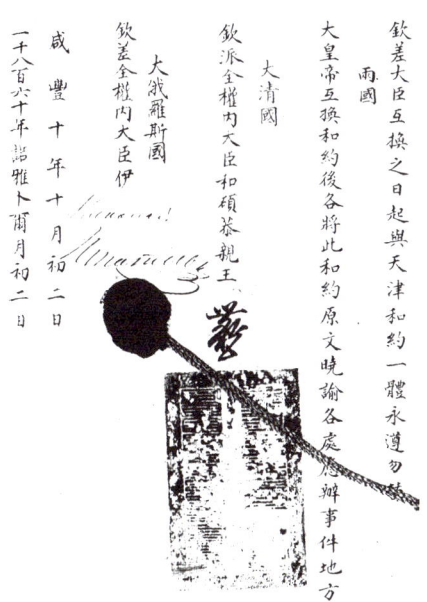

图1-4　中俄《北京条约》签字页①

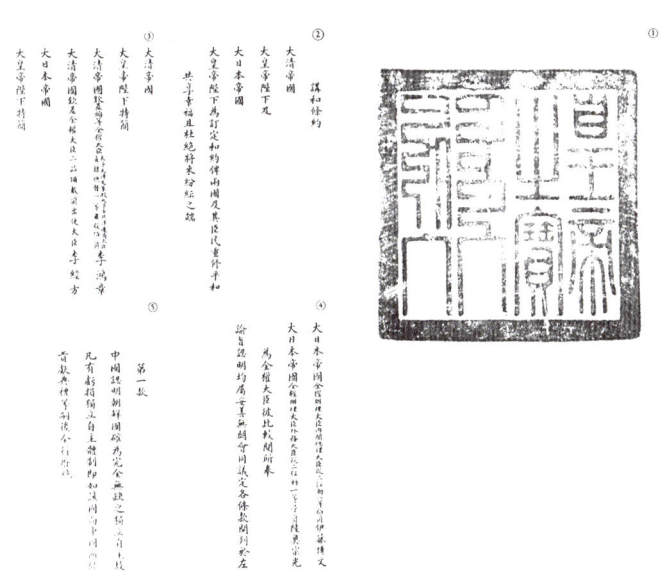

图1-5　中日《马关条约》首页②

---

① 台北故宫博物院藏。
② 同上。

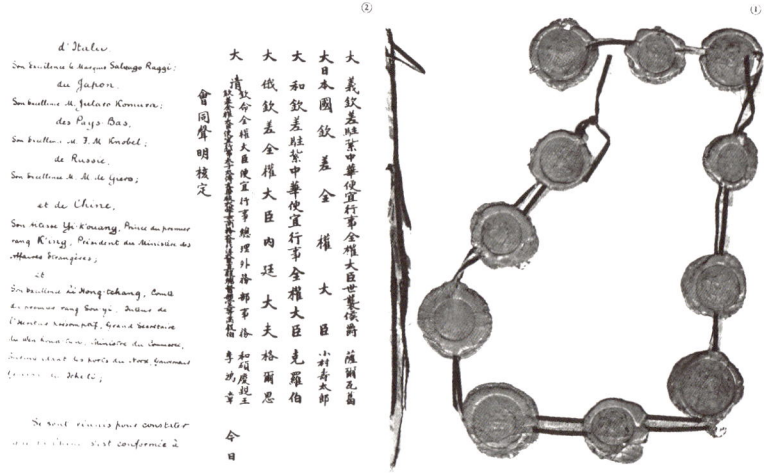

图1-6　《辛丑条约》首页①

图1-7　《辛丑条约》参与签订人员②

① 台北故宫博物院藏。
② *Views of China*，出版地：不详，出版年：不详，卷数：2册，简介：A valuable collection of photographs taken in China between the end of the 19th and start of the 20th century. The photographs vividly capture the Chinese people and society of the day, and are accompanied by Morrison's handwritten explanations. 语言：英语，收藏地：日本东洋文库。

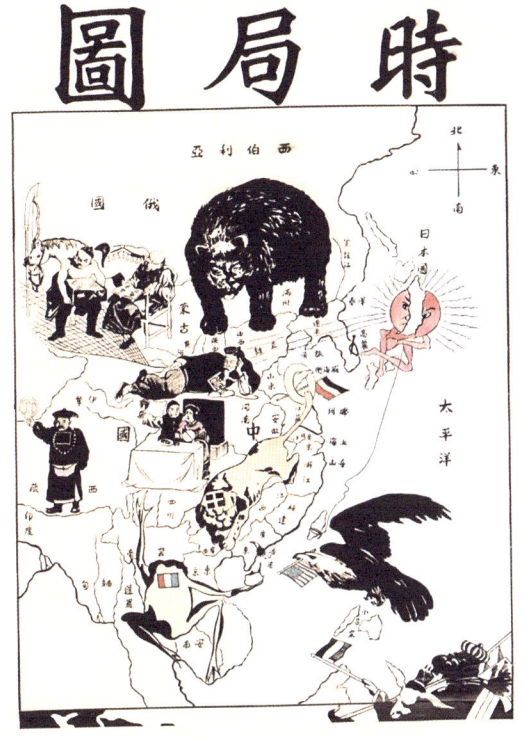

图1-8　中国近代著名政治漫画《时局图》①

第三阶段是1919—1949年,在此阶段中,要求废除不平等条约的呼声开始出现,并越来越强烈。随着中国革命高潮迭起,以及民众的民主意识和救亡图存的思想觉醒,历届政府开始积极谋求废除不平等条约,并"改订新约"。但此时的中国,实力仍不足以与列强抗衡,废除不平等条约无异于与虎谋皮,因而异常艰难,进展缓慢。

近代中国,中外签署的不平等条约涉及我国各方面的主权与权益,影响颇深。大体上包含了以下几个单元:

---

① 该漫画一般认为是兴中会成员谢缵泰所作,曾刊于1898年的香港《辅仁文社社刊》、1903年的《俄事警闻》,几经修改,流传广泛。

不平等条约对我国领土主权的侵害很大。自19世纪中叶至20世纪初的半个世纪中，中国有300多万平方公里的领土被割去。其中尤为贪婪的是俄国，16世纪俄国向东扩张其势力范围，与中国签订《尼布楚条约》《布连斯奇界约》两个条约，确立了当时的中俄边界；1840年以后，通过签署《瑷珲条约》《天津条约》以及《北京条约》攫取我国东北大片领土；在我国西北疆域上，与我国签署《中俄伊犁条约》并多次以勘界为由强占我国西北广阔领土。沙俄完成向帝国主义国家转型后，又妄图将我国东北地区变成其殖民地，一度与日本为争夺东北发生战争，并蚕食我国东北边界。之后，沙皇俄国支持外蒙古上层分裂活动，怂恿外蒙古脱离中国独立，以支持"自治"为名控制外蒙，乘机窃占唐努乌梁海地区，并与北洋政府签署《中俄蒙协约》。此外，中国与法属越南勘界，中国与英属缅甸、印度勘界等，也使中国的领土主权受到不少损失。

东南沿海方面，1842年清政府与英国签署《南京条约》，割让香港岛，1860年中英《北京条约》又割让九龙司地方一区。1887年清政府与葡萄牙签订《中葡和好通商条约》，允准葡萄牙"永驻管理"澳门（图1-9）。1895年中日签署《马关条约》割让辽东半岛（后由清政府赎回）、台湾和澎湖。日本殖民统治台湾和澎湖长达50年，其遗毒至今仍在发酵。

租界以及租借地，是近代中国政府租给外国侨民居住、贸易和管理的特殊区域。① 租界和租借地的设立，也是我国主权受到侵害的重要方面。其特点是外人篡夺了当地行政、司法等主权，并且当地主要由外国领事及外国人选举的工部局等行使各种权力。上海是近代中国最早设立租界的地区。1845年，面对英国领事的威胁、欺诈，上海地方官员

---

① 袁继成：《近代中国租界史稿》，中国财政经济出版社1988年版。

第一章　近代中外条约概述

图1-9　《中葡和好通商条约》首页①

与之签订了《上海租地章程》,在上海划定英国居留地。此后,许多通商口岸陆续设立众多租界。除通商口岸的租界外,还有一类是"租借地"。这是列强通过不平等条约从中国租借的领土,列强在租期内行使属地管理权,租借地的最高长官由租借国政府直接任命,中国居民受外国租借当局的司法管辖,列强据有租借地既不需要支付地价,也无须缴纳任何地税。列强在中国强占租借地共五处,都设立于1898年,分别是德国强租的胶州湾、俄国强租的旅大、法国强租的广州湾、英国强租的威海卫和香港新界等(图1-10、图1-11、图1-12)。

此外,列强在中国强占的特殊地区还包括:北京东交民巷使馆界,江西庐山牯岭、浙江莫干山、河南鸡公山和河北北戴河避暑地,东北

---

① 台北故宫博物院藏。

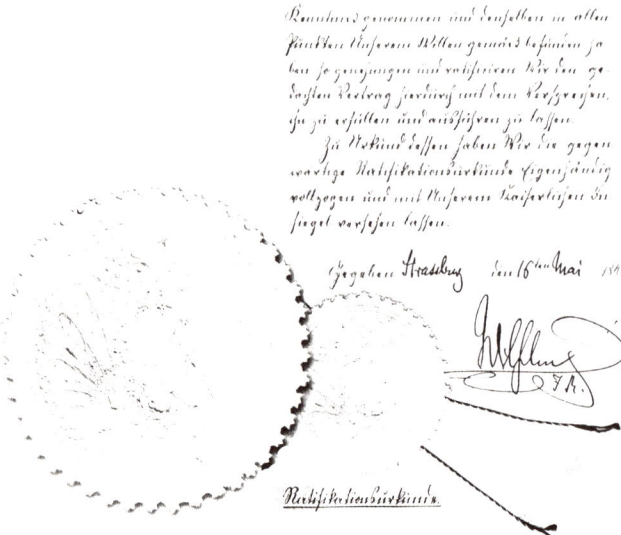

图1-10　中德《胶澳租界条约》首页①

图1-11　中俄《旅大租约》批准本②

---

① 台北故宫博物院藏。
② 同上。

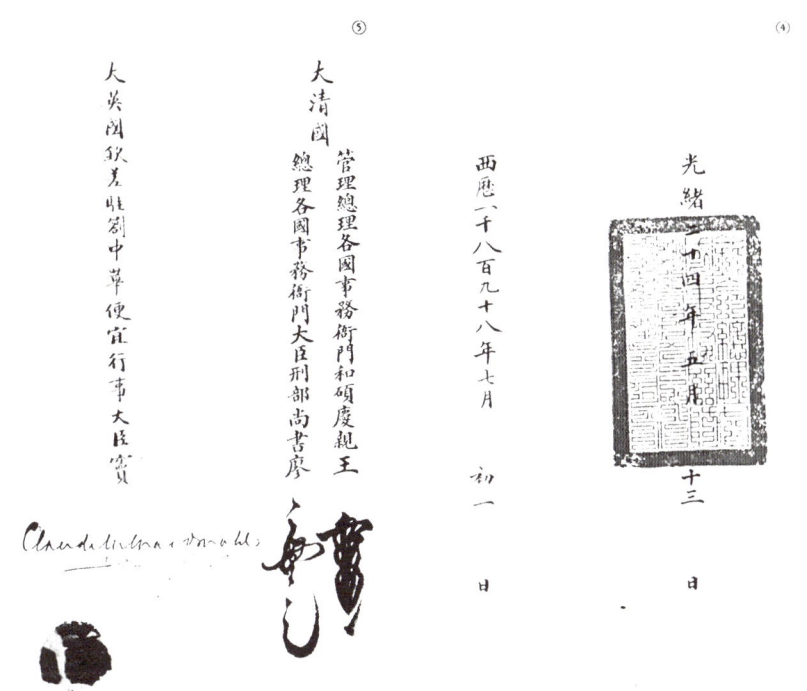

图 1-12 《中英租威海卫专条》签字页①

"南满"铁路附属地、中东铁路附属地,西北塔城、伊犁、喀什噶尔等地被俄国强占的"贸易圈",东北地区营口、安东(丹东)、奉天(沈阳)等地被日本强占的"新市街"等。

通商口岸,依其字面意义而言,是指国家或地区之间为进行贸易而开设的口岸,但在近代中国,其有着独特的内涵,一般说通商口岸就是条约口岸。依据条约开放的通商口岸其实可以追溯到1727年《恰克图条约》约定开放的恰克图。但《恰克图条约》是一个平等条约,恰克图是中国自愿开放的。

近代中国的通商口岸的开放始于1842年《南京条约》的规定:开放广州、厦门、福州、宁波、上海五个通商口岸(图1-13)。这也一举打破了

---

① 台北故宫博物院藏。

清政府闭关锁国的国策,外国商人能够通过通商口岸更加全面广泛地与中国进行贸易,以获取更大的利益。也正因为如此,之后中外条约中,通商口岸的开放成了常见的条约内容。这些通商口岸一方面成了列强对我国进行商品输出的前沿阵地,是对我国主权的侵犯;但是另一方面,也在一定程度上促进了当地的经济发展、城市繁荣和社会进步,对我国的近代化有着一定的积极作用。

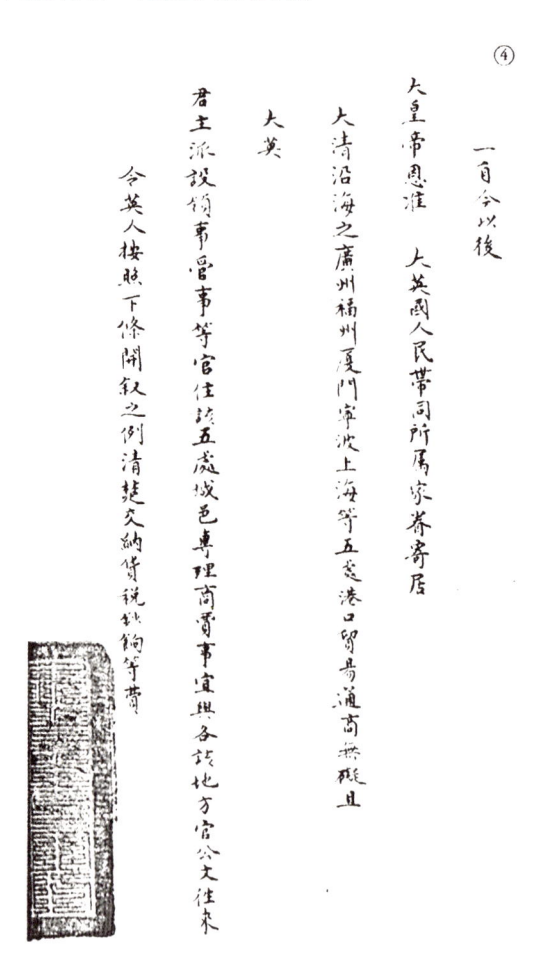

图 1-13 中英《南京条约》关于开放通商口岸的条款①

---

① 台北故宫博物院藏。

第一章　近代中外条约概述

　　清代以来,英国在与中国的贸易中,长期处于逆差地位。为扭转这一不利形势,英国人向中国走私鸦片。鸦片在中国日益泛滥,给中国的人民健康和国家经济造成严重危害。1838年12月,道光皇帝下谕旨严禁鸦片,任命林则徐为钦差大臣,赴广东禁烟,将收缴的鸦片集中于虎门海滩,全部销毁,史称"虎门销烟"。英国以此为借口,发动侵华战争——鸦片战争。(图1-14、图1-15、图1-16)1842年中国战败,被迫与英国签订《南京条约》,签订过程中,英国就图谋实现鸦片贸易合法化,受到中国抵制。但是,中国需赔偿鸦片战争前英国在鸦片走私过程中的非法损失。1856年,英法联合发动第二次鸦片战争,中国再度战败,再无招架之功,被迫在中英、中法《天津条约》补充条款中同意鸦片贸易合法化。鸦片泛滥,给中国人民造成深重灾难(图1-17)。

图1-14　林则徐①

图1-15　巴麦尊勋爵,鸦片战争时的英国外交大臣,主张对中国发动战争②

---

① 《中国近代史参考图录》上册,上海教育出版社1984年版。
② [美]李士风著、译:《晚清华洋录:美国传教士、满大人和李家的故事》,上海人民出版社2004年版。

013

图1-16　虎门销烟①

近代中国的铁路和矿业的发展,也与不平等条约密切相关。近代中国铁路早期发展主要被外国资本控制。中国第一条真正意义上的铁路是1876年英国怡和洋行无视中国主权,在上海擅自修筑的吴淞铁路。而中国第一条自主修筑的铁路则是1881年为方便开平煤矿运输而修筑的唐胥铁路。1895年中日甲午战争中国战败,清政府决定广修铁路,开办矿业。1898年,清政府成立矿务铁路总局。但清政府背负《马关条约》的巨额赔款,缺乏资金。列强乘机向中国借贷,大量掠夺铁路修筑权和矿山开采权。

1898年,德国通过签署《胶澳租界条约》,获得在山东修筑铁路并

---

① "Commissioner Lin and the Destruction of the Opium in 1839", Chinese artist, Hong Kong Museum of Art,[1839_LinDestrOp_165pc_hkma]from Perdue、C. Peter ,The First Opium War,The Anglo-Chinese War of 1839-1842(刊载于麻省理工大学网站,https://ocw.mit.edu/ans7870/21f/21f.027/opium_wars_01/index.htmll).

图 1-17　国人吸食鸦片①

开采铁路沿线煤炭资源的特权(图 1-18)。各国竞相效尤,纷纷插手我国矿业,掠夺中国资源。例如:被日本强占的抚顺煤矿的产量一度位于亚洲前列。

---

① Two 19th-century Chinese images depicting opium smokers: wealthy and poor. Unknown Chinese artist, gouache painting on rice-paper, Wellcome Library, London,[1800s_SmokersW_ChPaint_wlc],[1800s_Smokers_ChPaint_wlc] from Perdue, C. Peter, The First Opium War, The Anglo-Chinese War of 1839-1842 (刊载于麻省理工大学网站,https://ocw.mit.edu/ans7870/21f/21f.027/opium_wars_01/index.htmll).

⑦

國家允准德國在山東省蓋造鐵路二道其一由膠澳經過濰縣青州博山淄川鄒平等處往濟南及山東界其二由膠澳往沂州及由此處經過萊蕪縣至濟南府其由濟南府往山東界之一道應俟鐵路造至濟南府後始可開造以便再商與中國自辦幹路相接此後段鐵路經過之處應於另立詳細章程内定明

第二款

蓋造以上各鐵路設立德商華商公司或設立一處或設立數處德商華商各自集股各派妥員領辦

第三款

⑧

一切辦法兩國迅速另訂合同中德兩國自行商定此事惟所立德商華商公司造辦以上鐵路中國

國家理應優待較諸在中國他處之華洋商務公司辦理各事所得利益不使向隅查此款專為治理商務起見並無他意蓋造以上鐵路決不佔山東地土

第四款

於所開各道鐵路附近之處相距三十里内如膠濟北路在濰縣博山縣等處膠沂濟南路在沂州府萊蕪縣等處允准德商開挖煤斤等項及須辦工程各事亦可德商華商合股

图 1－18 中德《胶澳租界条约》，德国攫取在山东修筑铁路、开采煤矿特权的条款①

基督宗教，或者称基督教，是天主教、新教和东正教的总称。基督宗教早在唐代初年就传入中国，不过对中国社会的影响一直都很小。最早涉及基督宗教传教问题的中外条约是1727年中俄《恰克图条约》。该条约是一个较为平等的条约，其中有设立“俄国驻北京东正教传教团”的规定。

1844年中美《望厦条约》、中法《黄埔条约》和1847年中国与瑞典、挪威签订的《广州条约》规定，外国人可以在通商口岸建立教堂，为天主教和新教在中国传教打开了方便之门。第二次鸦片战争，中国再次战败，于1858年与俄美英法等国相继签订《天津条约》，明确规定传教合法化（图1－19）。从此基督宗教三大分支天主教、新教和东正教在华传教全面合法化。

① 台北故宫博物院藏。

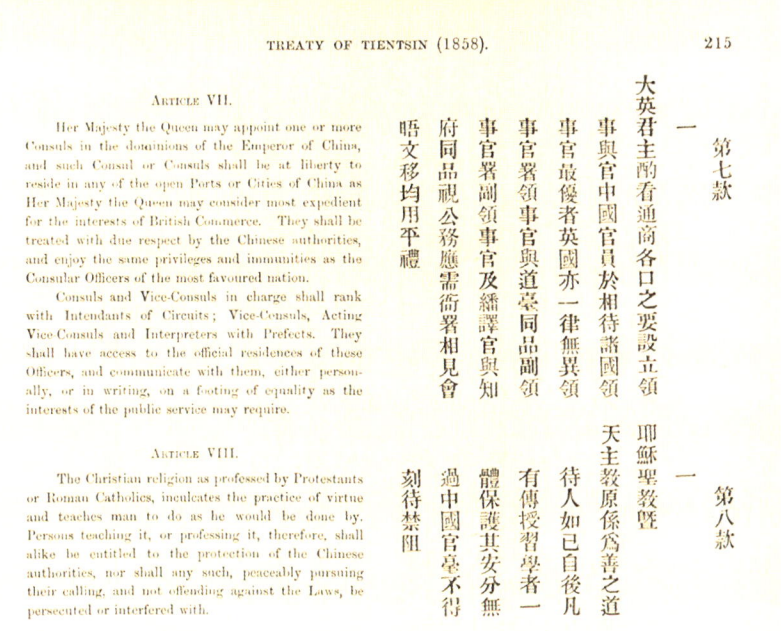

图 1-19 中英《天津条约》第八款规定传教合法化①

东正教并未在中国大规模传教,却热衷于在华搜集情报。第二次鸦片战争期间,俄国东正教传教士向英法联军提供其非法测绘的北京详细地图,给英法联军快速攻入北京城提供了重要参考。第十三届传教士团领班巴拉第,与俄罗斯东西伯利亚总督穆拉维约夫秘密协商,胁迫中国签订中俄《北京条约》,使俄国成功地从中国与英法两国的交战中巧取豪夺大量权益和大片中国领土。②

---

① Treaty of Tientsin, 1858. In: *China Imperial Maritime Customs*, Ⅲ Miscellaneous Series, No. 30. Treaties, Conventions etc. between China and foreign states, Vol. 2. the Statistical Department of the Inspectorate General of Customs, 1908.
② 欧阳哲生:《俄国东正教传教团在京活动述评(1716—1859)》,《安徽史学》2016年第1期,第124—133页。

近代基督宗教的宗教势力，依仗不平等条约庇护，凌驾于地方政府之上，破坏中国司法主权。宗教势力与当地居民不断发生各种矛盾和冲突，各地所谓"教案"不断。这些教案，很多又成为帝国主义国家对华勒索、掠夺和侵略的借口。

例如：马神甫事件或者称西林教案，1856年发生于广西西林。该教案成为法国伙同英国发动第二次鸦片战争的借口。1897年11月发生于山东的曹州教案，成为德国出兵强占山东胶州湾的借口。1898年3月，德国胁迫清政府签订《胶澳租界条约》。

近代，外国人来到中国旅行被统称为游历。随着不平等条约的签署，中国大地上也出现了许多来自国外的游历者。众所周知，我国自明朝开始就实行了严格的闭关锁国政策，因此外国旅行者未经中国官府允许，是不能在中国进行游历的。但随着列强用枪炮打开我国尘封多年的国门，大批外国人来到了中国。在第一次鸦片战争后，大量的外国商人来到中国进行贸易，但是因为清政府抵制，加之中国百姓对外国人有着很深的敌意，所以外国旅行者并不被允许在中国内地旅行。《南京条约》补充条款《五口通商附粘善后条款》规定：英商及常驻英国人均不可到乡间任意游历。此后的中美《望厦条约》、中法《黄埔条约》皆有类似规定。

第二次鸦片战争，中国战败，中英、中法分别签署《天津条约》，开放外国人在中国游历。来到中国的外国游历者大多不是普通的旅行者，他们多为探险家和地理、地质、考古学者，有的来中国进行纯粹的科研考察，有的则带着侵略目的前来。

其中较为著名的有：德国地质学家李希霍芬、英国探险家斯坦因等。李希霍芬来到中国对中国的地质与地学研究起到了奠基性的作用，这是近代中国许多地学家的共识，但李希霍芬来华的主要目的是服务于德国对我国的侵略与掠夺。他建议德国将山东作为势力范围。他对中国的煤炭资源进行了系统的普查，导致后来中国大量的煤炭资源被掠夺。斯坦因则前后四次来到我国西北地区，擅自进行考古活动，掠夺诸多珍贵文物，其中广为人知的便是珍贵的敦煌书籍与绘画等。

近代以来，我国一直以独立自主、恢复主权作为民族伟大复兴的核心目标。一批批仁人志士前赴后继，为废除不平等条约而奋斗。1906年，以孙中山为首的同盟会革命党人，在深刻理解国家主权平等原则的基础上，提出"不平等条约"概念。[①] 20世纪20年代，中国国民党在1923年《中国国民党宣言》和1924年《中国国民党第一次全国代表大会宣言》等政治文件中正式提出废除不平等条约。但此时中国国民党只偏居华南一隅，无力完成废除不平等条约的任务。当时代表中国的以袁世凯为大总统的北洋政府却全面承认与外国签署的不平等条约。直至第一次世界大战爆发，袁世凯的继任者为废除不平等条约作出了积极的努力，与同盟国集团断交、向其宣战，收回其在中国的特权，并于1927年起陆续收回镇江、威海卫、天津比利时租界等租界和租借地。

世界反法西斯战争爆发，中国作为反法西斯同盟的重要成员，自1943年起分别与美英等国签订《中美新约》（又称《中美关于取消美国在华治外法权及处理有关问题条约》）、《中英新约》（又称《中英关于取消英国在华治外法权及其有关特权条约》）等一系列平等新约，基本废除了列强在华治外法权、片面最惠国待遇、内河航运等特权（图1-20、图1-21）。1945年第二次世界大战结束，中国废除不平等条约的工作再度取得了长足进展。

---

① 张建华：《孙中山与不平等条约概念》，《北京大学学报（哲学社会科学版）》2002年第2期，第115—122页。

①中美關於取消美國在華治外法權及處理有關問題條約

中美兩國為欲重視兩國人民間素來之友好關係，並以平等與主權國家之資格表示共同志願，使彼此承認規定人類關係之高尚原則，各派全權代表以議訂立條約，以謀調整兩國間有關事項。各派全權代表如左：

中華民國國民政府主席特派
美利堅合眾國大總統特派

美利堅合眾國特命全權大使魏道明
外交部部長宋子文

兩全權代表各將所奉全權證書互相校閱，均屬妥善，議定條款如左：

②第一條 現行中華民國與美利堅合眾國間之條約與協定凡授權美利堅合眾國或其代表實行管轄在中華民國領土內美利堅合眾國人民之一切條款應特撤銷作廢。

美利堅合眾國政府認為一九〇一年九月七日中國與美利堅合眾國政府，已抵美利堅合眾國政府在北京簽定之議定書應行取消，並同意該議定書及其附件所給予美利堅合眾國政府之一切權利應予終止。

第二條 美利堅合眾國政府協助中華民國政府應予其他政府成立必要之協定將北平使館界之行政與管理，連同使館界之一切官有資產與官有義務移交於中華民國政府。

③並相互了解，中華民國政府於接收使館界行使行政與管理時，應整定辦法接任並履行使館界之官有義務及債務，並承認及保護該界內之一切合法權利。

美利堅合眾國政府為公務上之目的，有繼續使用之權。中華民國政府允許在北平使館界內已劃與美利堅合眾國政府之土地其上建有屬於美利堅合眾國政府之房屋，中華民國政府允許。

美利堅合眾國政府認為上海及廈門公共租界之行政與管理應歸還中華民國政府，並同意凡關於上述租界給予美利堅合眾國政府之權利應予終止。

美利堅合眾國政府願協助中華民國政府與其他有關政府成立必要之協定將上海及廈門公共租界之行政與管理連同上述租界內之一切官有資產與官有義務移交於中華民國政府，並相互了解，中華民國政府於接收上述租界時，應整定辦法接任並履行上述租界之官有義務及債務，並承認及保護該界內之一切合法權利。

④第四條 先除美利堅合眾國人民（已括公司及社團）或政府在中華民國領土內現有關於不動產之權利發生任何問題，尤為先除各條約及協定之各條款因本約第一條規定停止而可能發生之問題起見，雙方同意上述現有之權利不得以任何理由加以追究，依照法律手續提出證據證明此項權利係以非欺或類似非欺或其

图 1-20 《中美新约》①

---

① 台北故宫博物院藏。

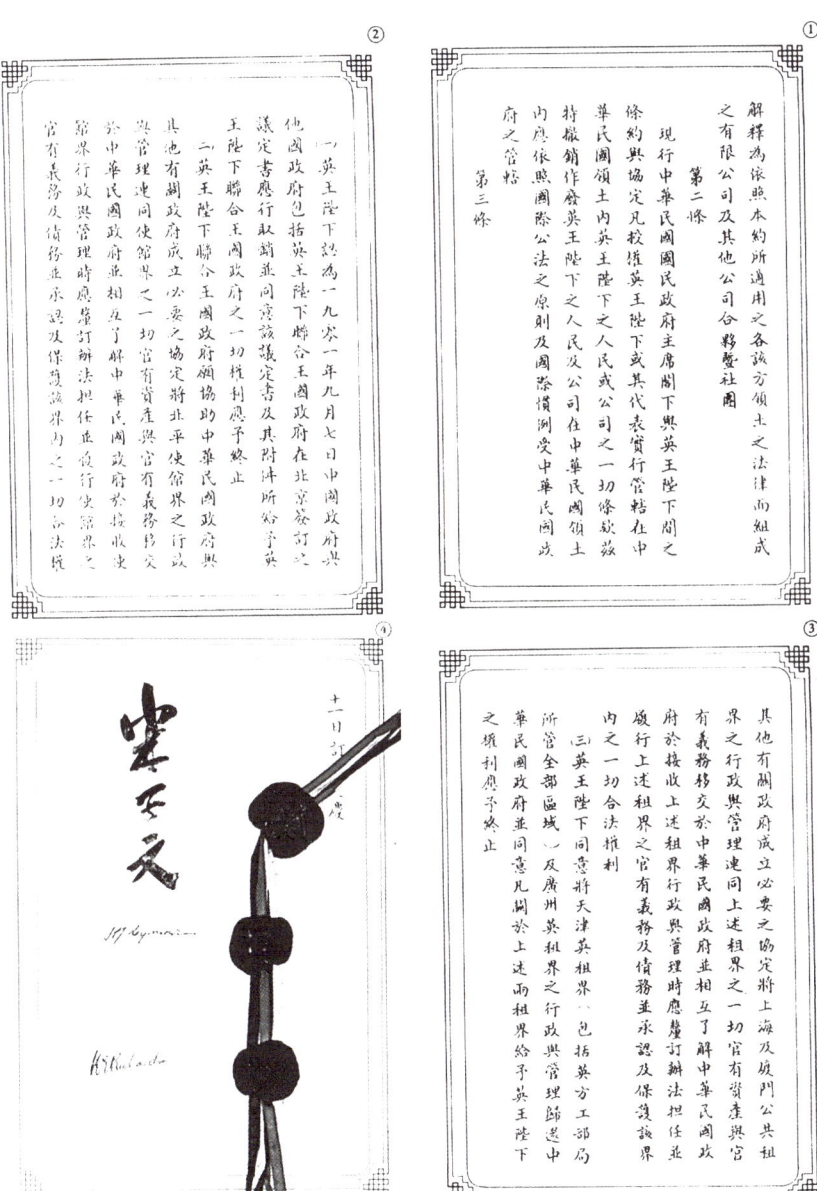

图1-21 《中英新约》①

————————————
① 台北故宫博物院藏。

1949年,中华人民共和国的成立,使中国人民成为国家、社会和自己命运的主人,实现了中国向人民民主制度的伟大跨越,实现了中国高度统一和各民族空前团结,彻底结束了旧中国半殖民地半封建社会的历史,彻底结束了旧中国一盘散沙的局面,彻底废除了外国列强强加给中国的不平等条约和帝国主义在中国的一切特权。[①]

　　中国历史从此进入新纪元,新中国政府不再软弱、妥协。作为新中国临时宪法的《共同纲领》宣布:"中华人民共和国必须彻底取消帝国主义国家在中国的一切特权。"《共同纲领》第55条规定:"对于国民党政府与外国政府所订立的各项条约和协定,中华人民共和国中央人民政府应加以审查,按其内容,分别予以承认,或废除,或修改,或重订。"至此,中国摆脱了不平等条约的束缚,再次回到自主发展的道路上。

　　不平等条约的最后废除,是香港、澳门问题的最后解决,两地分别于1997年7月1日和1999年12月20日宣布回归,中国政府对两地恢复行使主权。

[①] 习近平:《2013年12月26日在纪念毛泽东同志诞辰120周年座谈会上的讲话》。

第二章　近代中外条约与中国疆界变迁

1644年清朝建立，经过初期和中期的开拓、经营，至乾隆年间，清朝疆域趋于稳固，为现代中国的疆域奠定了基础。然而自19世纪中叶始，中国国势日衰，帝国主义列强先后入侵中国，强迫清政府签订了一系列不平等条约、割去了大片领土，中国疆域日蹙。

清政府与帝国主义列强签订的一系列不平等条约，从政治、经济、文化各方面侵入中国之肌体，自从以英国为代表的列强以坚船利炮打开了中国的大门，各国纷纷视中国为俎上之肉。而清政府长期施行封闭政策，以致难窥世界之大观，因此造成了政治上之黑暗、经济上之贫穷、科技上之落后及文化上之愚昧自大，国力远远无法与西方资本主义世界抗衡。在列强的威逼下，清政府被迫出卖国家利益，割地赔款。自19世纪中叶至20世纪初的半个世纪中，竟有300多万平方公里的领土被割去，这在整个世界历史上也是罕见的。一部中国近代史，一定程度上也是中国领土的沦丧史，其中的教训，是值得好好总结与铭记的。

本章将以不平等条约为主线，分述中国东北、北部、西北、西南以及东南沿海五个方向的疆界变迁。

一、东北疆界变迁

东北地区，包括黑龙江流域和库页岛等地区，自古以来就是中国领土,由中国历朝政府管辖。

　　早在汉唐时期,中国中央政府就在这一地区设立地方行政机构。唐宋时期,中国的少数民族靺鞨、契丹、女真等都曾在此建立政权。元朝中央政府设立辽阳行省,管辖范围包括东北及其附近地区,明朝中央政府在黑龙江流域建立奴儿干都司(图2-1)。

图2-1　黑龙江下游奴儿干都司(特林)附近的中国石碑①

　　明末,努尔哈赤建立后金,统一东北女真各部,自1609年努尔哈赤出兵收服东海窝集部瑚叶路开始,至1636年皇太极即位,原明朝奴儿干都司辖境皆为清朝管辖(图2-2)。②皇太极曾明确指出"此地人民语音与我国同","本皆我一国之人,载籍甚明","善言抚慰,饮食同甘,一体共之"。③

---

① 吕一燃主编:《中国近代边界史》上卷,四川人民出版社2007年版。
② 同上。
③《清太宗实录》卷二一。

后金(清朝)着重采取招抚的方法经营黑龙江流域一带,各部纷纷前来归附。居住在乌苏里江以东、黑龙江下游的赫哲人和费雅喀人也在1616年后陆续归附后金,库页岛的库页人每年到黑龙江下游普禄乡纳贡(图2-3、图2-4、图2-5、图2-6)。① 总之,清朝对黑龙江流域和库页岛等地一直施行有效的管辖。

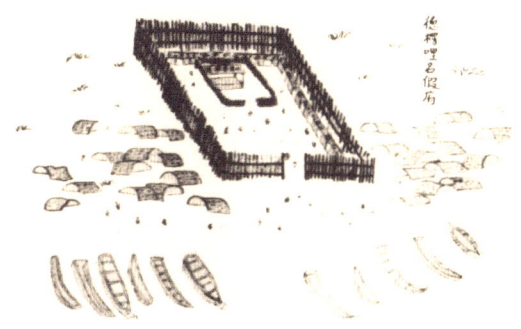

图2-2 黑龙江下游奴儿干都司(特林)附近的清朝衙门②

图2-3 黑龙江下游的赫哲人③

---

① 刘锦藻编纂:《清朝文献通考》卷二七一《舆地三》,浙江古籍出版社1988年版。
② 吕一燃主编:《中国近代边界史》上卷,四川人民出版社2007年版。
③ 同上。

图 2-4　费雅喀妇人①

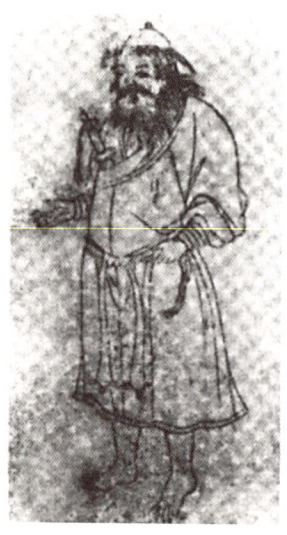

图 2-5　库页人②

---

① 吕一燃主编：《中国近代边界史》上卷，四川人民出版社 2007 年版。
② 同上。

第二章　近代中外条约与中国疆界变迁

图2-6　黑龙江下游和库页岛姓长、乡长向清政府进贡图①

俄国本来在欧洲东部,经过不断向东侵略、扩张,在17世纪中叶,沙俄势力向东进入黑龙江流域,由波雅科夫、哈巴罗夫和斯捷潘诺夫等为代表的哥萨克匪帮势力,在黑龙江流域大肆流窜,在周边达斡尔人、赫哲人等部族活动地区烧杀抢掠(图2-7);②1650年强占黑龙江北岸索伦部达斡尔人的雅克萨,将其改称阿尔巴津(图2-8);1658年在黑龙江上游石勒喀河、涅尔查河口建立尼布楚城,作为侵略与贸易的据点。

图2-7　沙俄侵略军头目哈巴罗夫率队侵扰黑龙江③

---

① 吕一燃主编:《中国近代边界史》上卷,四川人民出版社2007年版。
② 参见郝建恒等译:《历史文献补编——17世纪中俄关系文件选译》,商务印书馆1989年版;刘民声等编:《十七世纪沙俄侵略黑龙江流域史资料》,黑龙江教育出版社1992年版。
③ 吕一燃主编:《中国近代边界史》上卷,四川人民出版社2007年版。

图2-8　沙俄非法占据雅克萨(阿尔巴津)①

此时清政府受制于中原战事,无暇北顾。1681年,清政府平定内地三藩之乱,开始着手加强东北边防。经过多番谋划,清政府于1685年和1686年,两次进攻雅克萨,并将俄军围困于雅克萨城中,迫使其接受和谈。清军俘获不少俄国人,这些战俘得到优待,得以在清帝国定居、繁衍(图2-9、图2-10)。

图2-9　阿尔巴津儿童,即雅克萨战争后俄罗斯战俘的后裔②

图2-10　清朝晚期居住在北京的阿尔巴津青年③

---

① 吕一燃主编:《中国近代边界史》上卷,四川人民出版社2007年版。
② World Digital Library(世界数字图书馆),Russian Scientific-Commercial Expedition to China,1874-75,https://www.wdl.org/en/item/.
③ 同上。

第二章　近代中外条约与中国疆界变迁

1689年,以索额图为首的中国使团与以戈洛文为首的俄国使团于尼布楚进行会谈,签订《尼布楚条约》。条约规定:中俄两国以流入黑龙江之额尔古纳河的格尔必齐河为界,再由格尔必齐河发源处沿外兴安岭直达于海,为两国国界;唯乌第河与外兴安岭之间存放待议。①

《尼布楚条约》的签订,规定了黑龙江流域和乌苏里江流域为中国领土,事实上俄国也承认了他们进入黑龙江流域为非法。但清朝将贝加尔湖以东至尼布楚城一带的地区让给俄国,并将乌第河、外兴安岭之间作为待议地区。此后至19世纪中叶,这都是中俄两国之间的东段边界。这100多年间,清朝迎来了康雍乾盛世,国力强盛,中国东北边境得到了较长时期的稳定。

19世纪,清朝盛极而衰,政治腐败,民生凋敝,闭关锁国政策使大清帝国背离世界潮流,内忧外患交织。19世纪初开始,俄国势力不断潜入黑龙江下游入海口、乌苏里江以东地区和库页岛,进行调查与考察,甚至建立侵略据点。1851年太平天国运动爆发,1856年英法联军发动第二次鸦片战争,沙俄乘清政府之危,加速侵略进程。俄国政府多次向清政府提出重划边界的无理要求,被清政府驳回。1854年开始,俄国船队多次擅自驶入中国境内的黑龙江中下游,并建立侵略据点(图2-11、图2-12、图2-13)。②

1858年,沙俄加强了对黑龙江流域的侵略力量,并强迫清政府承认其已占领土,中方代表奕山初予拒绝,后在其武力胁迫下,被迫签署《瑷珲条约》。③ 该条约将黑龙江以北、外兴安岭以南的60多万平方公

---

① 王铁崖编:《中外旧约章汇编》,生活·读书·新知三联书店1957年版。
② [俄]A.瓦西里耶夫著,徐滨、许淑明等译:《外贝加尔的哥萨克》第3卷,商务印书馆1978年版。
③ 中国第一历史档案馆编:《清代中俄关系档案史料选编》第3编上册,中华书局1981年版。

图 2-11　俄国舰队强行通过瑷珲①

图 2-12　俄国侵占伯力（哈巴罗夫斯克）②

① 吕一燃主编：《中国近代边界史》上卷，四川人民出版社 2007 年版。
② 同上。

第二章 近代中外条约与中国疆界变迁

图 2-13 俄国侵占海兰泡（布拉戈维申斯克）①

里的中国领土划归俄国，同时规定乌苏里江以东至海的土地，由中俄两国共管。原本为我国内河的黑龙江，变成了中俄两国的界河。中国所失土地之广，前所未有。清政府对于《瑷珲条约》的合法性提出了异议，并且免去了奕山的黑龙江将军职务。②

同年，英法联军进犯大沽口，进逼天津，大沽炮台失陷，北京告急，清政府被迫与英美法三国缔结《天津条约》。俄国此时也正希望继续扩大与巩固在黑龙江流域的侵略成果，以及得到与其他帝国主义侵略者同样的对华特权。早在1856年，俄国便派出驻华公使海军少将普提雅，此人于中国与英法美三国之间斡旋，一方面与三国一起分享在华特权，另一方面公然撕毁《尼布楚条约》，向清政府提出索要大片领土的无理要求，以讹诈的方式，诱迫清政府与其先于其余三国

---

① 吕一燃主编：《中国近代边界史》上卷，四川人民出版社2007年版。
② 江应澄、赵书文编著：《中国的疆界》，学林出版社1994年版。

签立中俄《天津条约》,并于第九条提出:"中国与俄国将从前未经定明边界,由两国派出信任大员秉公查勘,务将边界清理,补入本次合约。边界既定之后,登入地册,绘为地图,立定凭据,俾两国再无此疆彼界之争。"①该条款也为俄国从我国进一步割占领土埋下伏笔。之后,俄国一方面一次次照会清政府派员勘定兴凯湖、绥芬河一带,另一方面,不断派遣武装力量进入该区域非法强行占据。② 为了能够让《瑷珲条约》获得合法地位,俄国进一步派出外交官伊格纳切叶夫到北京进行讹诈,但北京方面迟迟不予理会,且一再重申《尼布楚条约》的合法地位,使得俄国外交政策一再碰壁。此时俄国又想起了英国与法国。1859年6月,英、法以进京换约被拒为由,率舰队炮击大沽;1860年8月登陆天津,9月侵占通州,咸丰皇帝从北京逃往承德躲避,10月英法联军侵入北京,烧杀抢掠50余天。清廷派奕䜣为全权大臣议和,签订中英、中法《北京条约》。此时,俄国人再次趁火打劫,于1860年11月胁迫清政府签订《中俄续增条约》(即中俄《北京条约》,图2-14、图2-15),共15条,其中提出:清政府承认《瑷珲条约》,并将《瑷珲条约》中的中俄"共管"地区划归俄国;同时进一步规定"自乌苏里河口而南,上至兴凯湖,两国以乌苏里及松阿察二河作为交界。其二河之东地属俄罗斯国,二河西属中国。自松阿察之源,两国交界逾兴凯湖直至白棱河,自白棱河口顺山岭至瑚布图河口,再由瑚布图河口顺珲春河及海中间之岭至图们江口,其东属俄罗斯国,其西皆属中国。两国交界与图们江之会处及该江口相距不过二十里"③。

---

① 《中俄边界条约集》,商务印书馆1973年版。
② 中国第一历史档案馆编:《清代中俄关系档案史料选编》第3编上册,中华书局1981年版。
③ 《中俄边界条约集》,商务印书馆1973年版。

第二章　近代中外条约与中国疆界变迁

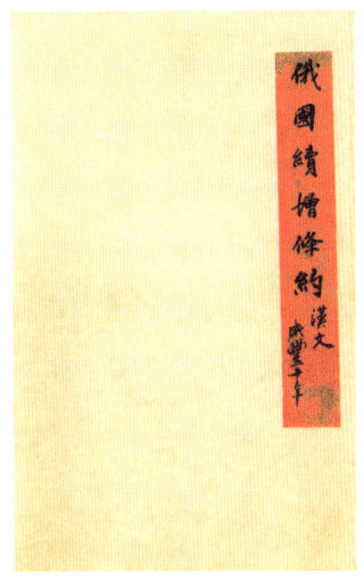

图 2-14　《中俄续增条约》汉文版原件封面及首页①

图 2-15　《中俄续增条约》汉文版原件第二、三条②

---

① 李天鸣主编：《失落的疆域——清季西北边界变迁条约舆图特展》，台北故宫博物院 2010 年版。
② 同上。

《中俄续增条约》签订后,俄国政府一方面向清政府提供武器装备镇压太平天国起义;另一方面,根据《中俄续增条约》,在划界的名义下,继续侵占中国领土。《中俄续增条约》第三条指出:"东界查勘,于乌苏里河口会齐,于咸丰十一年三月内办理。"[1]清政府派仓场侍郎成琦和黑龙江将军景淳前往,负责与沙俄划定乌苏里江至图们江口的两国国界。沙俄使团却未于原定的松阿察河东岸的兴凯湖畔扎营,而是到了松阿察河西岸、兴凯湖西北岸的奎屯必拉扎营。实际上,沙俄在签订《中俄续增条约》时,发现"白棱河"的位置在条约原文和条约附图中并不一致。他们此次勘界目的并非改错,而是妄图曲解条约,扩大侵占土地,打算将位于松阿察河以西的穆楞河作为界河,推翻《中俄续增条约》中松阿察河之说。在中方指出其错误之后,俄方居然提出"坚称合约、地图均可不必照依行事"[2]。因中方据理力争,俄国不得不打消了以穆楞河为界的企图,但转而捏造奎屯必拉北边的分支小河即为白棱河的说法。清政府被迫承认了该说法,并于1861年6月28日同沙俄签订了《中俄勘分东界约记》。沙俄通过勘界,侵占了乌苏里江以西广阔的兴凯湖大部分,及兴凯湖西面的大部分领土。

《尼布楚条约》签订以后,我国东北疆界长期保持稳定。然而,到了19世纪中叶,沙俄侵略者在1858—1860年不到三年的时间里,利用英法发动第二次鸦片战争之机,强迫清政府接受了三个不平等条约,共强占中国100多万平方公里的领土。其中中俄《瑷珲条约》割去60万平方公里的土地,《中俄续增条约》及《中俄勘分东界约记》又从中国掠去40万平方公里的土地(图2-16)。1861年,《中俄勘分东界约记》订

---

[1]《中俄边界条约集》,商务印书馆1973年版。
[2] 复旦大学历史系《沙俄侵华史》编写组:《沙俄侵华史》,上海人民出版社1975年版。

第二章　近代中外条约与中国疆界变迁

图 2-16　1894年的符拉迪沃斯托克（即海参崴，日本海西岸重要港口城市，原为中国领土，1860年《中俄续增条约》签订，包括海参崴在内的乌苏里江以东地区，都被割让给俄国）①

立后，俄国再次不遵守界约规定，越界侵入中国，约1875年，俄国越界侵占珲春所属黑顶子地区。1881年，清朝官员巡查中俄边境时发现，中国一侧的土地被俄国人占去很多，督办宁古塔等处防务的吴大澂（图2-17）首先关注到俄国越界侵占珲春的事件。吴大澂亲自前往珲春地区进行考察，为了收回被占土地，吴大澂于1883年1月上奏

图 2-17　吴大澂②

光绪皇帝，要求将1861年中俄分界原图寄予吉林将军铭安，由铭安负责与俄国人勘界。清廷同意其意见，中俄双方于1884年进行勘界谈

---

① 万国报馆编著：《甲午:120年前的西方媒体观察》，生活·读书·新知三联书店2014年版。
② 吕一燃主编：《中国近代边界史》上卷，四川人民出版社2007年版。

判,依次到各界碑处,逐段绘图置记。

1886年7月4日,吴大澂与俄国大使巴拉诺夫代表中俄两国签订《珲春东界约》,中国夺回了多数被占土地。为了纪念此次勘界活动,清廷特于黑顶子树立铜柱,其上铭文写道:"疆域有表国有维,此柱可立不可移。"(图2-18)

1900年俄国士兵越界垦荒,掏挖矿藏,入侵中国呼伦贝尔,沿边卡伦皆被焚毁,官兵逃散。1905年至1908年,呼伦贝尔副都统苏那穆策麟和宋小濂向黑龙江将军报告了俄军越界问题[②],之后俄国人又入侵了孟克西里草甸和额尔古纳河洲渚,将侵略的眼光放到了重镇满洲里。经过协商,中俄双方决定委派勘界委员,于1910年5月在满洲里会齐,共同查勘边界。此次定界,经过前后15次界务会议。1911年12月20日,中俄在齐齐哈尔签订了《满洲里界约》并交换界图。因在齐齐哈尔签约,故此条约亦称《齐齐哈尔界约》。该界约是中国为了防止领土丢失而主动提出的,但是因为受风雨飘摇的时局和孱弱的国力所限,不得不迫于压力割让土地,此条约反而成了俄国侵略者攫取中国领土的条约。(图2-19)

图2-18 吴大澂所立中俄边界铜柱铭文[①]

---

① 吕一燃主编:《中国近代边界史》上卷,四川人民出版社2007年版。
② 宋小濂:《呼伦贝尔边务调查报告书》,《宋小濂集》,吉林文史出版社1988年版。

第二章　近代中外条约与中国疆界变迁

图 2-19　满洲里边界铁丝网①

同时,中俄又就黑瞎子岛问题交涉,清政府强调黑瞎子岛的主权属于中国,俄国却强占黑瞎子岛,妄图将黑瞎子岛西南部的中国内河通江子作为两国界河。随后,辛亥革命爆发,清政府被革命力量推翻,边界问题搁置,俄国人却在通江子与黑龙江、乌苏里江汇合口上设置了海关,向由黑龙江进入乌苏里江及乌苏里江进入黑龙江的中国船只收税。1917年俄国爆发十月革命,俄国搁置了中国收回黑瞎子岛的交涉②,1927年中苏签署《中苏会浚乌苏里江协议书》③,共同维护乌苏里江航道,中方积极跟进黑瞎子岛事宜,然而 1931 年,日本发动九一八事变,侵占东北,黑瞎子岛问题只得再次搁置,继而成了两国之间的一大悬案。经过漫长而又艰苦的交涉与谈判,2005 年,中俄达成《关于中俄国界东段的补充协定》(the Supplementary Agreement on the Eastern Section of the China-Russia Boundary Line),黑瞎子岛西部归还中国,东部划归俄罗斯。

---

① 吕一燃主编:《中国近代边界史》上卷,四川人民出版社 2007 年版。
② 薛衔天等编:《中苏国家关系史资料汇编(1917—1924)》,中国社会科学出版社 1993 年版。
③ 吕一燃主编:《中国近代边界史》上卷,四川人民出版社 2007 年版。

二、北部疆界变迁

明末清初,蒙古各部处于分裂状态。清廷入关前已经将漠南蒙古诸部纳入版图,那里生活着蒙古的贵族子弟及普通百姓(图 2-20、图 2-21、图 2-22、图 2-23)。1691 年,康熙帝与内、外蒙古各部首领于多伦诺尔会盟,加强和巩固了清廷对蒙古的管辖。①

图 2-20　一位居住在北京的蒙古亲王的儿子(1876 年)②　　图 2-21　两位察哈尔蒙古女性身着节日服饰③

---

① 邹逸麟主编:《中国历史人文地理》,科学出版社 2001 年版。
② World Digital Library(世界数字图书馆),Russian Scientific-Commercial Expedition to China, 1874-75, https://www.wdl.org/en/item/.
③ 同上。

第二章　近代中外条约与中国疆界变迁

图 2-22　居留北京的阿拉善蒙古亲王子嗣①

图 2-23　日常装束下的阿拉善蒙古人②

当内、外蒙古归顺清朝时,俄国的势力也进入了西伯利亚,由此出现了中俄在蒙古高原与西伯利亚之间的划界问题。1689 年《尼布楚条约》签订后,中俄东部边界基本勘定。中方多次向俄方提议就西段界线进行谈判,而俄方为了扩大对蒙古高原土地的侵占,一直拒绝中方建议。

1726 年 11 月,中俄双方于北京再次谈判,但是仍无法达成一致。1727 年,谈判转至布尔河畔举行,中方代表与俄方代表共同勘定边界,谈判进行得很艰难,最终双方都作出了妥协,于 1727 年 8 月签订《布连斯奇条约》,规定"北自恰克图河流之俄罗斯卡伦房屋,南迄额尔怀图山顶之中国卡伦鄂博……设立鄂博,作为两国通商地方"。即以萨彦岭为中俄分界。上述卡伦房屋与卡伦鄂博③之间土地平分,中心设第一界

---

① World Digital Library(世界数字图书馆),Russian Scientific-Commercial Expedition to China, 1874-75, https://www.wdl.org/en/item/.
② 同上。
③ 鄂博,即蒙古族人做路标和界标的堆子,用石头、土、草堆成。

039

碑。以此为中心,向东至额尔古纳河,向西至沙毕那依岭山口,北部属俄国,南部属中国。这也带来了中俄边界的长期安定,是有清以来中俄长久的边界线。1864年《中俄勘分西北界约记》、1869年《乌里雅苏台界约》都一再强调萨彦岭为中俄分界。①

1911年,清朝统治摇摇欲坠,沙俄统治者乘机密谋入侵蒙古。1911年7月,蒙古举行一年一度的丹书克节,库伦活佛哲布尊丹巴借此举行了喀尔喀四部上层王公喇嘛会盟,并秘密召集杭大多尔济等人密谋蒙古独立(图2-24)。②沙俄全力支持库伦独立。1911年向哲布

图2-24 哲布尊丹巴呼图克图③

① 《中俄阿巴哈依图界约》规定,"向南起,顺布尔古特依山梁至狄烈图地方……均以一段之楚库河为界",楚库河南岸为中国所有,北岸为俄罗斯地方,"自阿鲁哈当苏鄂博至额波尔哈当苏暨察罕鄂博……所有中间以及附近空地适中平分"。"自察罕鄂拉卡伦鄂博至额尔古纳河最高处……"此为疆界之走向。《中俄色楞额界约》规定,"恰克图与鄂尔怀图山为两国边界之处,在鄂尔怀图山右段各设鄂博一。"上述所记据《中俄边界条约集》,商务印书馆1973年版。
② 陈崇祖编:《外蒙古近世史》,商务印书馆1926年版。
③ 吕一燃主编:《中国近代边界史》上卷,四川人民出版社2007年版。

尊丹巴等人提供了大量武器装备的同时,沙俄军队也源源不断进入蒙古境内。同年10月武昌起义爆发,12月3日,哲布尊丹巴集团于库伦贴出"独立公告",宣布脱离清政府。为了使库伦傀儡政权摆脱孤立局面和控制整个蒙古,1912年1月,沙俄驻乌里雅苏台领事策动了当地王公反叛,勒逼清朝乌里雅苏台将军奎芳退出其境,当地封建上层建立了"大蒙古国政府",并私自与俄国签订非法的《俄蒙协约》(即《库伦条约》)。① 1915年,中俄蒙签订了《恰克图协约》(即《中俄蒙协约》)(图2-25),第二条规定:"外蒙古承认中国宗主权,中国承认外蒙古自治。"②1921年7月,外蒙古宣布独立,1924年11月26日成立蒙古人民共和国。1945年美、苏、英三国首脑签订《雅尔塔协定》,在中国不知情的情况下,擅自规定外蒙古独立(图2-26)。1946年中国国民政府被迫承认外蒙古独立。

图2-25　中俄蒙三方恰克图会议③

① 《沙俄侵略我国蒙古地区简史》编写组编:《沙俄侵略我国蒙古地区简史》,内蒙古人民出版社1979年版。
② 《中俄边界条约集》,商务印书馆1973年版。
③ 吕一燃主编:《中国近代边界史》上卷,四川人民出版社2007年版。

图 2-26　1945 年 2 月，英国首相丘吉尔、美国总统罗斯福、苏联元首斯大林在雅尔塔举行会议①

俄国在插手外蒙古独立的同时，也侵占了唐努乌梁海地区。唐努乌梁海地区在外蒙古西北部，北靠萨彦岭，南抵唐努山脉，是位于两山之间的狭长地带，清朝政府对此地区进行着有效的管辖（图 2-27、图 2-28）。1727 年，中俄签订《布连斯奇条约》，划定了中国唐努乌梁海大部分地区与俄国的边界。鸦片战争后俄国趁清政府处于内外交困的局面，逐步加紧对唐努乌梁海地区的侵略。1860 年，俄国在《中俄续增条约》签订后，就开始在唐努乌梁海地区设立自由贸易区。另外，《中俄续增条约》中关于此地区边界的记载，中文本与俄文本不尽相同，中文本记"沙宾达巴哈之界牌末处起，往西直至斋桑淖尔湖"②，而"斋桑淖尔湖"在俄文本中记为"斋桑泊"，使俄国有了可乘之机。1864 年《中俄

---

① 吕一燃主编：《中国近代边界史》上卷，四川人民出版社 2007 年版。
② 王铁崖编：《中外旧约章汇编》第 1 册，生活·读书·新知三联书店 1957 年版。

图 2-27　唐努乌梁海地区的清朝官员①

图 2-28　唐努乌梁海人民②

① 《神秘的蒙古》,转引自吕一燃主编:《中国近代边界史》上卷,四川人民出版社 2007 年版。
② 同上。

勘分西北界约记》即割去了中国唐努乌梁海西北部10个佐领,相当于今俄罗斯哈卡斯共和国和克麦罗沃州的南部地区。1895年沙俄雅库茨克军区司令部就制订了入侵唐努乌梁海地区的作战计划,1904年至1911年,俄国多次对该地区进行军事侦察,1911年该地区中部的27个佐领为沙俄强占。东部九佐领为当时宣布独立的外喀尔喀封建主所占,俄国十月革命后一度为中国政府所收复,中国派员驻扎,但不久被迫撤出,该地今属蒙古国库苏古尔省。中部俄占27个佐领于1924年宣布成立"乌梁海共和国",1926年称"唐努图瓦人民共和国",1944年并入苏联,1948年改称"图瓦自治州",1961年改称"图瓦苏维埃社会主义自治共和国",苏联解体后改称"图瓦共和国",成为俄罗斯联邦的一部分。

三、 西北疆界变迁

活动于西北地区的蒙古部落,明代时称瓦剌,清代称厄鲁特、额鲁特或者卫特拉,也称漠西蒙古,经过长期的发展和变化,迁移、融合、吸收了周边突厥语系部落和其他部落,最后归并为准噶尔、杜尔伯特、和硕特和土尔扈特四部以及附牧于杜尔伯特部的辉特部(图2-29、图2-30)。17世纪70年代,准噶尔部的噶尔丹称汗,发动战争占领了天山南北,以及塔什干、费尔干纳和撒马尔罕等大片区域,政治中心在今伊犁河谷。噶尔丹不断发展,威胁到了清廷的利益,自1689年起清政府开始漫长的平叛,直到1755年,清军远征伊犁,生擒准噶尔部达瓦齐,方平定准噶尔部叛乱。1759年清军又征服了在天山南路叛乱的大小和卓,天山南北全部平定,至此,清廷统一天山南北路的事业终于完成。当时葱岭(今帕米尔高原)以西的游牧部落和一些小政权相继归附清朝。清朝政府设置伊犁将军统辖天山南北,此外还设置了一系列府县州厅(图2-31)。

第二章　近代中外条约与中国疆界变迁

图 2-29　蒙古厄鲁特部①

图 2-30　蒙古土尔扈特部②

---

① 吕一燃主编：《中国近代边界史》上卷，四川人民出版社 2007 年版。
② 同上。

图 2-31 伊犁将军府钟楼①

清朝西北疆域以巴尔喀什湖北岸、楚河中游、塔拉斯河下游与左右哈萨克为界,西北以葱岭、喀喇昆仑为界。19世纪30年代,沙俄开始对中亚地区进行武装侵略,占领了与中国相邻的诸多藩国。1831年,沙俄在巴尔喀什湖与斋桑泊之间的中国领土上建立赛尔格奥堡(今阿亚古兹),扼守塔城交通线;1846年又在巴尔喀什湖与伊犁之间建立了阔帕勒堡(今塔什库尔干附近);1853年奥伦堡总督彼罗夫斯基镇压浩罕国反抗后,深入伊犁河中游建立了维尔尼堡(今阿拉木图)。沙俄截断自伊犁去中亚的交通线,并在上述三个堡垒之间修筑了二十几个驿站,构成了长达700公里的武装堡垒线。

---

① 吕一燃主编:《中国近代边界史》上卷,四川人民出版社2007年版。

1851年通过强迫中国签订《伊犁塔尔巴哈台通商章程》,沙俄获得向中国免税倾销商品和在伊犁、塔尔巴哈设立居住地、市场、货栈等特权。①

1860年《中俄续增条约》第二条规定:"西疆尚在未定之交界,此后应顺山岭、大河之流及现今中国常驻卡伦等处,及一千七百二十八年所立沙宾达哈巴之界牌末处起,向西直至斋桑淖尔湖,自此往西南顺天山之特穆尔图淖尔,南至浩罕边界为界。"②其中"常驻卡伦"中的常驻二字于条约原文俄文版中是没有的,为俄译中文版中所加。依清制,边界卡伦分常设、移设、添撤三种:常年设置、永远驻守的称常设卡伦;驻兵轮流替代,或冬秋两季迁移的,称移设卡伦;按需要时添时撤的称添撤卡伦,故边界当以最外的卡伦为准,而非常设卡伦。③沙俄利用这些条文对清政府进行胁迫讹诈。1862年,俄方与清政府总理衙门于塔城商定西段划界事宜,中方不同意以常设卡伦为界,并仍认定斋桑泊和伊塞克湖是中国内湖,以伊犁库藏地图为证,谈判被迫中断。俄方派遣军队侵入中国境内,遭到了清军反击。1864年8月,新疆发生库东反清暴动,对于清政府而言,形势无疑是雪上加霜。而后新疆南路东四城被攻陷,叛乱者占领了乌鲁木齐汉城,满城被围,叶尔羌、英吉沙尔、喀什噶尔也先后被占领。沙俄看到了进攻的机会,继续施加压力。④ 是年,清政府终向沙俄妥协,于11月5日与俄方代表签订了其自拟的《中俄勘分西北界约记》。沙俄通过该条约攫取巴尔喀什湖以东以南达44万平方公里的土地。⑤ 在伊犁以西地方,

---

① 王铁崖编:《中外旧约章汇编》第1册,生活·读书·新知三联书店1957年版。
②《中俄边界条约集》,商务印书馆1973年版。
③ 邹逸麟主编:《中国历史人文地理》,科学出版社2001年版。
④ 邱永君:《蚕食与鲸吞——俄罗斯侵华史话》,国际文化出版公司2000年版。
⑤ 王铁崖编:《中外旧约章汇编》第1册,生活·读书·新知三联书店1957年版。

从北边的巴尔喀什湖至楚河;西边的塔拉斯河顺河沿山而下至那林河往东至该河发源处天山止,这块原为大清国领地之广阔区域均归俄属。大清国的边界线被迫向东退至阿拉套岭、匡果罗鄂博山、图尔根河、伊犁河之齐钦卡伦、伊犁河南之春济卡伦至特穆尔里克岭、喀喇套山、顺天山正脊一线,失去了原属大清国的巴尔喀什湖、列普兴河、阿克苏河、廓克苏河(亦称库克乌苏河)、喀拉塔勒河、齐钦卡伦以西之伊犁河中下游、楚河、塔拉斯河、那林河上游地区及特穆图淖尔等地方(图2-32)。①

图2-32 斋桑泊(1875年)②

---

① 李天鸣主编:《失落的疆域——清季西北边界变迁条约舆图特展》,台北故宫博物院2010年版。
② World Digital Library(世界数字图书馆),Russian Scientific-Commercial Expedition to China,1874-75,https://www.wdl.org/en/item/.

1865年新疆少数民族反清力量又占领了伊犁、塔尔巴哈台。清廷对新疆大部分地区失去了控制权。其中,伊犁是中国和中亚细亚间的主要通道,且有着丰富的自然资源,一向被认为是中亚最富饶的地方,因此成为西方侵略者眼中的香饽饽。同时,中亚浩罕国野心家阿古柏加入新疆乱局,沙俄和英国都意图控制阿古柏以达到侵略新疆的目的。1871年5月,沙俄假借俄国边界被侵为名,无视中国主权,悍然入侵伊犁。此次赤裸裸的侵略行动,直到沙俄占领伊犁既成事实才通报清政府。之后,俄国积极联系浩罕国阿古柏,订立商约五条。① 但阿古柏又积极与英国联系,英国的英印总督诺斯布鲁克派遣使团与阿古柏接触,于1874年订立商约十二条,赠送老式步枪几千支,承认阿古柏势力,以换取在喀什噶尔设立领事馆和经营商业的优先权。英国殖民者的势力进入新疆,让本就复杂的局势愈发难以调解。

1872年,清廷内部就平定新疆一事开始进行争论,陕甘总督左宗棠(图2-33、图2-34)力主平定叛乱,收复新疆,得到同治皇帝的支持。1876年,左宗棠发兵新疆,1877年阿古柏见大势已去,服毒自尽。当清政府平定天山北路,收复乌鲁木齐、玛纳斯等地后,便根据俄国在强占伊犁时的承诺,即"伺关内外肃清,乌鲁木齐、玛纳斯各城克复之后,即当交还"②,向俄国要求收回伊犁。清政府能够如此迅速地平定新疆,完全出乎俄国政府的意料,当1878年左宗棠的大军兵临伊犁城下时,俄政府不得不正视伊犁问题。

---

① 中华书局编辑部、李书源整理:《筹办夷务始末(同治朝)》卷八六,中华书局2015年版。
② (清)袁大化修,(清)王树枏等纂:《新疆图志》卷五三《交涉一》,新疆人民出版社2015年版。

图 2-33　陕甘总督左宗棠正装像①　　　图 2-34　陕甘总督左宗棠便装像②

1879年,清政府派遣崇厚与俄国进行谈判,签订《中俄交收伊犁条约》(又称《里瓦几亚条约》),但该条约是一份被俄国人"玩弄"的不平等条约(图2-35)。该条约主要内容包括:第一,割地。清政府收回的只是伊犁部分地区,而作为伊犁屏障和最富庶之地的霍尔果斯河以西以及特克斯河谷一带地区,概由俄罗斯所有。第二,赔款。清政府赔款500万卢布,作为"代收代守伊犁所需军费"。第三,通商贸易。此外还有三个附件,即《陆路通商章程》《中俄瑷珲条约专条》和《兵费和恤费专条》,其内容都是俄国向中国总理衙门索要多年却不可得的。《中俄交收伊犁条约》的签订传至国内掀起轩然大波,清朝政府拒绝承认该条约,将崇厚"先行革职拿问,后交刑部治罪",并于1880年向沙皇政府声明,拒绝承认崇厚所签之条约。

---

① World Digital Library(世界数字图书馆),Russian Scientific-Commercial Expedition to China, 1874-75,https://www.wdl.org/en/item/.
② 同上。

第二章　近代中外条约与中国疆界变迁

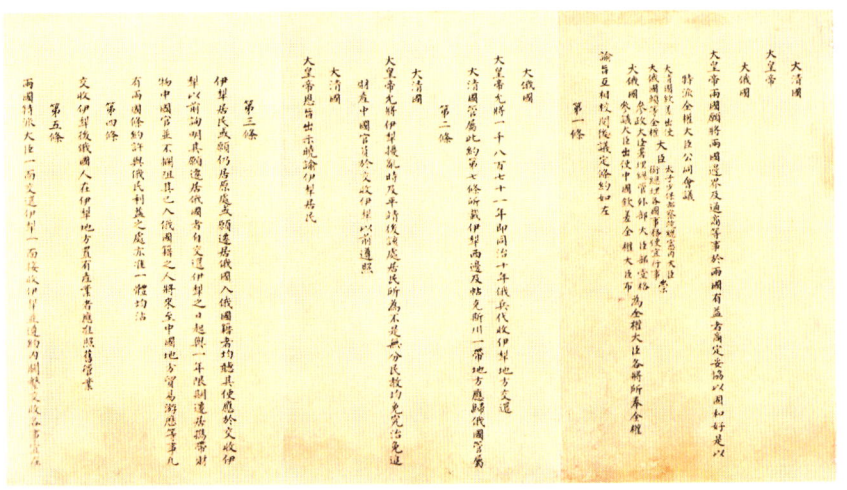

图 2-35　《中俄交收伊犁条约》(《里瓦几亚条约》)原件①

1880年2月，清朝政府任命驻英公使曾纪泽(图 2-36)兼任驻俄公使，赴俄交涉。曾纪泽于8月抵达俄罗斯，开始同沙俄政府长达六个月之久的谈判。初期，俄方仍强硬地坚持《中俄交收伊犁条约》，声称会采取军事行动，然而此时沙俄政府也面对着内外交困的局面。外部，英、德、土耳其对其采取了敌视态度，沙俄对外扩张的进度减缓；内部，沉重的债务危机也无法支持其疯狂的侵略战争。中国方面，以曾纪泽为代表的使团，对于俄方的压迫政策并未显出怯懦，而国内以左宗棠为首的主战派亦积极备战，为谈判加了几分筹码。就在这样的拉锯中，1880年12月27日，俄方下了最后通牒，希望尽早解决伊犁问题。就在这样的通牒下，曾纪泽代表清政府签署了《中俄伊犁条约》(亦称《中俄改订条约》，图 2-37)。新的条约包括："1. 领土方面，俄国同意归还特克斯河谷和通往南疆的穆扎尔山口，但以安插移民的借口，割去了霍尔果斯河以西地区；通商方面，俄方放弃俄货

---

① 李天鸣主编：《失落的疆域——清季西北边界变迁条约舆图特展》，台北故宫博物院2010年版。

近代中外条约图志

图 2-36　曾纪泽像①

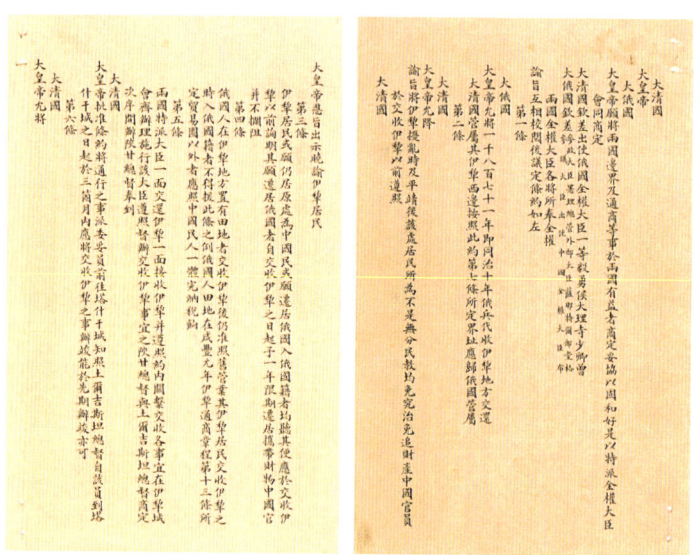

图 2-37　《中俄伊犁条约》部分原文②

---

① 上海申报馆申昌书画室：《点石斋画报》，1884 年 5 月。
② 李天鸣主编：《失落的疆域——清季西北边界变迁条约舆图特展》，台北故宫博物院 2010 年版。

由嘉峪关经西安直达汉口的要求,仅要求至嘉峪关通商;2.于吐鲁番和嘉峪关两处设置俄国领事馆。"①虽然该条约成功修改了《中俄交收伊犁条约》中诸多不平等条款,但《中俄伊犁条约》还是一部不平等性质的条约,使中国丧权失地。新约于1881年2月20日签订,同年5月15日清政府予以承认,8月19日中俄双方换约,次年残缺的伊犁地区被归还中国政府。②

此后,俄国又以勘界为名,同清政府签署了《中俄喀什噶尔界约》(1882年,又称《喀什噶尔东北界约》)、《中俄科塔界约》(1883年)、《中俄续勘喀什噶尔界约》(1884年,又称《喀什噶尔西北界约》),共从中国新疆攫取土地7万多平方公里。此后,中俄西北边界才稳定下来。

帕米尔地区古称葱岭,唐时称博密罗川、播密川,原本也并不与俄国交界,然沙俄自1876年吞并浩罕国后,便与中国帕米尔地区接壤,由此产生了边界问题。帕米尔全境分为"八帕",由南向北分别为瓦罕帕米尔、塔克敦巴什帕米尔、小帕米尔、大帕米尔、阿尔楚尔帕米尔、郎库里帕米尔、萨雷兹帕米尔和什库珠帕米尔。清乾隆皇帝平定大小和卓后立平定回部勒铭伊西洱库尔淖尔碑。然而此碑于1892年被沙俄哥萨克偷去,迁至塔什干博物馆。1892年新疆巡抚魏光涛重树平定回部勒铭伊西洱库尔淖尔碑。

1877年左宗棠于帕米尔高原设立七个卡伦。1884年订立的《中俄续勘喀什噶尔界约》中亦规定:在帕米尔地区,自乌孜别里山路口起,"俄国西界转往西南,中国界线一直往南"③,可见帕米尔高原一直不是

---

① 王铁崖编:《中外旧约章汇编》第1册,生活·读书·新知三联书店1957年版。
② 复旦大学历史系《沙俄侵华史》编写组编:《沙俄侵华史》,上海人民出版社1975年版。
③《中俄边界条约集》,商务印书馆1973年版。

俄罗斯的土地。1891年沙俄军队侵入帕米尔,清政府严正抗议,但在沙俄军队的威逼下,清军退出了苏满卡伦,俄军就此占领了塔克敦巴什帕米尔以南的整个帕米尔地区(图2-38、图2-39)。同时英国也由阿富汗进入了帕米尔地区。1892—1894年,沙俄与清政府进行谈判。1895年英俄双方在伦敦订约私分帕米尔,大部分属俄国,小部分划入阿富汗,沙俄非法占领了中国萨雷阔勒岭以西两万平方公里的领土,中国只剩下塔克敦巴什帕米尔、郎库里帕米尔一部分,即今塔什库尔干地区。① 十月革命后新成立的苏联政府也承认中苏在帕米尔地区存在边界问题。苏联解体后,该区域实际控制方为塔吉克斯坦共和国政府。中塔经过友好平等协商,2010年4月27日签订《中华人民共和国政府和塔吉克斯坦共和国政府关于中塔国界线的勘界议定书》,塔方实际控制下的1158平方公里土地划归中方,中方承认塔方对其余地区的主权。

图2-38 俄国侵入帕米尔地区②

① G. J. Alder, *British India's Northern Frontier*, 1865-95, Longmans, 1963.
② 吕一燃主编:《中国近代边界史》上卷,四川人民出版社2007年版。

图 2-39　帕米尔俄国哨所①

四、西南疆界变迁

中国西南国境邻国较多,但是可以大致分为位于今西藏自治区境内的中印边界,以及位于云南省和广西壮族自治区境内的中国与缅甸、老挝、越南三国边界两大部分。

从18世纪到19世纪中叶,英国不断扩大对南亚地区的侵略,成功地使印度成为其殖民地,印度和中国西藏之间的尼泊尔、不丹、锡金等国的政权也陆续被英国控制。随着英国势力侵入廓尔喀(尼泊尔)、布鲁克巴(不丹)、哲孟雄(锡金),形成了对西藏的包围后,英国就开始不断地对西藏地区发动武装侵略,侵犯中国在西藏的主权。

1888年,英军对驻守隆吐山的藏军发动第一次入侵西藏战争,藏军武器装备落后,一再退败(图2-40、图2-41)。清政府则不断退让,

---

① 吕一燃主编:《中国近代边界史》上卷,四川人民出版社2007年版。

于1890年派升泰前往加尔各答与英方签署《中英会议藏印条约》,承认锡金受英国保护,且按照英方要求以则列拉山为中国西藏与锡金的分界。① 1893年,清政府派何长荣为代表到大吉岭与英方签署《中英会议藏印续约》,规定中国开放亚东为商埠,英国享受治外法权。②

图2-40 清朝藏军战士③

图2-41 19世纪末入侵西藏的英国侵略军④

英印政府并没停下侵略的脚步。1903年11月,英军由麦克唐纳少将指挥,偷偷翻越则列拉山,一举占领亚东,抢在西藏地方政府之前于12月底占领帕里。1904年3月,英军在荣赫鹏率领下悍然发动攻击,于8月3日占领拉萨,十三世达赖喇嘛出走(图2-42、图2-43、图2-44)。侵入拉萨的荣赫鹏找不到能够与之谈判的对象,因此通过各种手段引诱、利用噶厦政府、僧俗大会以及格鲁派三大寺共同签署非法的《拉萨条约》。清政府多次电令不得批准,因此驻藏大臣升泰并未签字。

---

① 中国近代经济史资料丛刊编辑委员会主编:《中国海关与缅藏问题》,中华书局1983年版。
② 王铁崖编:《中外旧约章汇编》第1册,生活·读书·新知三联书店1957年版。
③ 陈庆英:《西藏历史》,五洲传播出版社2002年版。
④ 同上。

第二章　近代中外条约与中国疆界变迁

图 2-42　1904 年英国侵略者入侵西藏①

图 2-43　英军侮辱清朝藏军俘虏②

① 陈庆英:《西藏历史》,五洲传播出版社 2002 年版。
② 同上。

图 2-44　1904 年英军侵入拉萨①

1911 年辛亥革命后,中华民国宣布藏族为中华民族之一员,西藏为中华民国领土。但英国此时又开始趁局势混乱进行挑拨离间,向达赖喇嘛提供武器与经费,并组织上万民兵向驻扎西藏的川军进攻。1913 至 1914 年,英国和西藏地方政府在印度西姆拉会议上搞了一个以英方代表麦克马洪为名的、基本上以喜马拉雅山脊为界的非法的麦克马洪线。1940 年英国乘中国抗日战争之际,侵占了传统边界以北的部分地区。1951 年印度政府趁中国人民解放军进入西藏之际,再度出兵侵占了传统边界以北的部分地区,包括长久以来西藏地方政府设官征税、以达旺为首府的门隅地区。②

19 世纪,英法对东南亚地区进行殖民战争,吞并了缅甸、老挝、越南,之后继续扩张,威胁到中国边境。云南、广西位于中国西南边陲,近

---

① 陈庆英:《西藏历史》,五洲传播出版社 2002 年版。
② 邹逸麟主编:《中国历史人文地理》,科学出版社 2001 年版。

代也受到英法等西方列强的觊觎(图2-45)。而已经掌握长江通商之利的英国则希望通过控制云南以掌握长江上游,从19世纪80年代开始武装侵扰云南边境,蚕食中国领土。法国则于19世纪后半叶多次派遣专业人员对云南矿产资源进行非法调查。

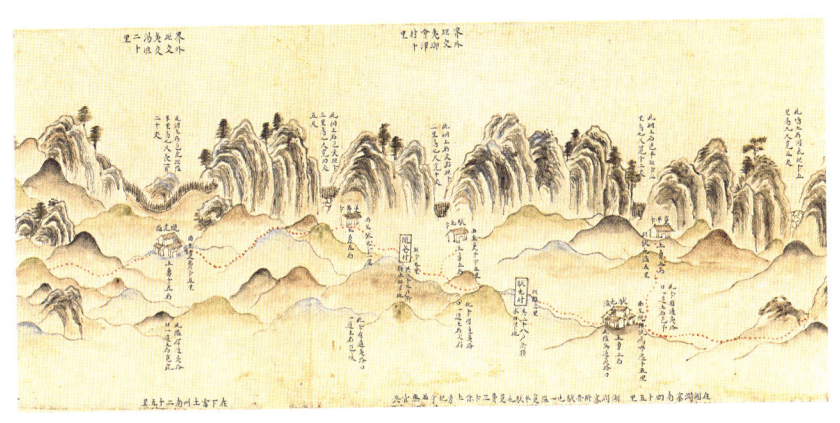

图2-45 清中前期手绘边防图①

中缅边界问题有较复杂的历史背景,与英国殖民者有较大关系。清乾隆年间,清廷征讨缅甸,缅人于1788年向清廷款关求贡,订例十年一贡,清廷承认其藩属地位。但此后,清廷并未着力经营缅甸地方,以至于19世纪中叶后,缅甸被西方列强所觊觎。英国占领印度后,积极

---

① 纸本彩绘,纵29厘米,横700厘米。本图已断裂分散,后经整理修复,发现内容并不完整。原图可能将广西南宁、镇安、太平三府所隶州、司与越南交界处所设隘、卡全部纳入,然现仅见镇安府属下雷土州、洞润寨及归顺州,以及与越南交界处所设之隘、卡;其他两府州、司及所设隘、卡,已不复见。本图方位上南、下北、左东、右西,是以山头的后方即为越南。当时清廷在山头与山头之间设墙、壕、栅栏,应系为防止越界。图上边境山头下方可见各隘卡,每个隘卡均注明官兵及土勇驻守人数。各隘卡、村落间均以道路连接(以红色虚线标示),另图中亦可见每个墙、壕、栅栏的名称及长、宽、高。全图绘制精美,是研究清代中期以前中越边界边防隘卡的重要史料。图片与注释来源:台北故宫博物院"翠绿边地——清季西南边界条约舆图特展", http://theme.npm.edu.tw/exh105/GreenBorderlands/ch/index.html#main。

筹划侵略缅甸,终于1885年攻克仰光,吞并了缅甸。① 英国知会清政府时,清政府无计可施,只得承认英国对缅甸的统治,却仍顾及面子,要求缅甸政府继续上贡。1886年7月,英国与中国签订《中英缅甸条款》(图2-46),其主要条款如下:1. 缅甸政府最高大臣继续向清政府上贡,依十年一贡之例;2. 中国承认英国于缅甸的一切权力;3. 中缅边境,皆由中英两国派遣专员进行勘定,通商事宜另立章程。② 英国占领缅甸后,清廷内部产生了唇亡齿寒之感,其外交政策上却仍希望继续维持一种传统的朝贡册封体系。③ 以至于在《中英缅甸条款》签订时,英国曾应允"三端"划归中国,即怒江下游以东地区让归中国、以大金沙江(指伊洛瓦底江)为两国公共之江、在八莫地区勘定一地作为中国立埠设关之地,中国却未将此作为"定论",而以难以管理为由未予接受。

此后英国接连吞并了介于中缅两国之间的木邦、孟养等土司,并进一步占领了中国腾越厅、永昌府、顺宁府等地的边境地区,清政府始觉划界问题不容再缓。④ 1894年清政府驻英公使薛福成(图2-47)与英国外务大臣劳思伯力于伦敦签署《续议滇缅界务商务条款》,1897年中英又签署《续议滇缅界务商务条约附款》,将萨尔温江以东麻栗坡地划给了缅甸,形成了今日镇康、耿马以西的中缅边界。条约同时将今瑞丽县之外、天马关以北的勐卯三角地"永租"给英国。⑤ 1898年、1899年的两次勘界又强行将腾越厅境内的虎踞、铁壁等关强行划给了缅甸。以后中缅划定北段自尖高山向南至南定河,南段自南卡江至澜沧江的两段边界(图2-48)。

---

① [英]戈·埃·哈威著,姚梓良译:《缅甸史》,商务印书馆1973年版。
② 王铁崖编:《中外旧约章汇编》第1册,生活·读书·新知三联书店1957年版。
③ 朱昭华:《中缅边界问题研究:以近代中英边界谈判为中心》,黑龙江教育出版社2007年版。
④ 华企云编著:《云南问题》,上海大东书局1931年版。
⑤ 王铁崖编:《中外旧约章汇编》第1册,生活·读书·新知三联书店1957年版。

第二章　近代中外条约与中国疆界变迁

大英國特派賞佩三等邁喜利實星前署駐華大臣今美京頭等欽差大臣歐格訥將所議條欵開列於左

一因緬甸每屆十年向有派員呈進方物成例英國允由緬甸最大之大臣每屆十年派員循例舉行其所派之人應選緬甸國人

一中國允英國在緬甸現時所秉一切政權均聽其便

一中緬邊界應由中英兩國派員會同勘定其邊界

图 2-46　《中英缅甸条款》① 　　图 2-47　薛福成②

图 2-48　中缅边界界碑③

---

① 签约时间：光绪十二年(1886)六月二十三日。签约地点：北京。图片来源：台北故宫博物院"翠绿边地——清季西南边界条约舆图特展"，http://theme.npm.edu.tw/exh105/GreenBorderlands/ch/index.html#main。
② 吕一燃主编：《中国近代边界史》上卷，四川人民出版社 2007 年版。
③ 同上。

中缅国界勘定过程中有两段未定界,尖高山以北为北段未定界,南定河以南至南板江口为南段未定界。1900年,英国武装占领了中国片马(今云南泸水西)附近的茨竹、派赖等地。1901年至1927年英国又陆续武装侵占了片马、古浪、岗房等地。① 1941年抗战时期,英国强迫中国政府接受了一条"1941年线",使阿瓦山区分属于中缅两边,南段大部分地方即依孟连土司府与莽冷间的南卡江界,但今西盟县西部境外的南锡河上游以东的一片地方,本在南卡江界内,为孟连土司管辖,而按照"1941年线",这一片地区划给了缅甸,阿佤山区原葫芦酋长大部分地区也被划给了缅甸,包括乾隆年间开采的茂隆银厂和今国界线内的班老等地都划在界外。丽江府外原怒族木王地,于清末被英人所占,中缅遂以高黎贡山为界。"1941年线"并未正式树立界碑,故仍称未定界。②

法国自19世纪中叶起,大举侵略越南,企图打开通向中国西南地区的大门。1884年3月,法军完全控制了红河三角洲。5月,清政府被迫与法国于天津签订《中法会议简明条款》(也称《中法会议简明条约》)(图2-49),承认法国对越南的"保护权",同意在中越边境开埠通商,并声明将北圻清军撤回边界,但未明确时限。③ 6月,法军集结于中越边境,挑起中法越南战争。1885年2月,法军进犯广西镇南关,广西军务督办冯子材驰援,打败法军,取得镇南关大捷。④ 清廷却一心求和,于1885年4月和法国订立《中法停战条件》。清军随即全线撤退,"越南自是遂与中国诀绝矣"。⑤ 同年6月,李鸿章在天津和法国驻华公使

---

① 尤中:《中国西南边疆变迁史》,云南人民出版社1987年版。
② 邹逸麟主编:《中国人文历史地理》,科学出版社2001年版。
③ 王铁崖编:《中外旧约章汇编》第1册,生活·读书·新知三联书店1957年版。
④ 中国史学会主编:《中法战争》(一),上海人民出版社1955年版。
⑤ 邵循正:《中法越南关系始末》,河北教育出版社2000年版。

第二章　近代中外条约与中国疆界变迁

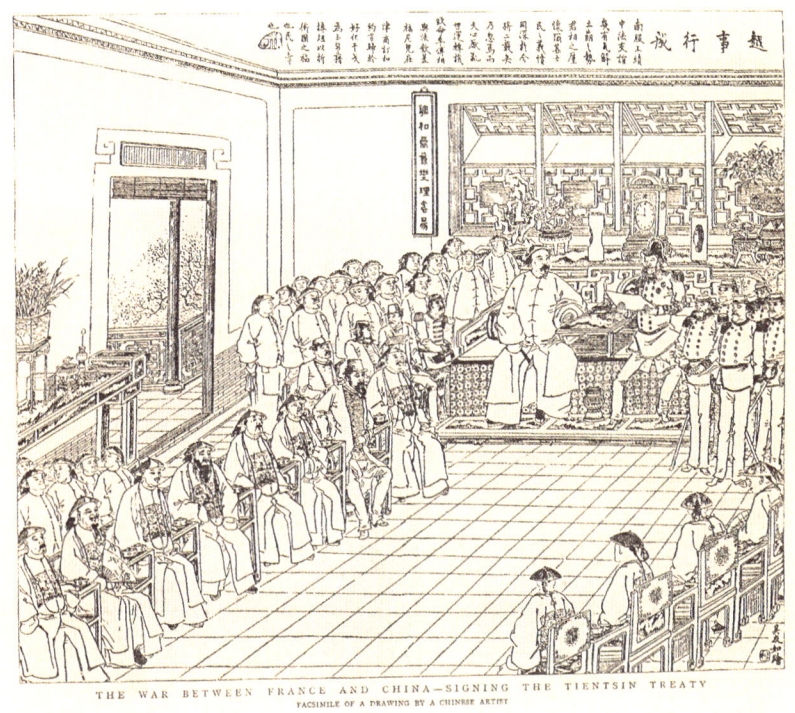

图 2-49　1884年李鸿章代表清政府在天津与法国签订《中法会议简明条款》①

巴德诺签订了《中法新约》(图 2-50),重申《中法会议简明条款》有效。清政府承认法国在越南的殖民统治,同意在云南和广西的中越边界开埠通商,并规定进出口货物减税及法国获得未来在中国建筑铁路的特权等。② 1886年初,中法双方的勘界代表进行多次会谈,分歧严重。但法方一再胁迫,清廷不得不作出"先勘界,再改正"的规划。双方于桂越段签署《中法桂越界约》,于粤越段签署《中法粤越界约》,于滇越段签署《滇越边界勘界节略》。1887年6月26日,清朝总理衙门奕劻与法国

---

① 万国报馆编著:《甲午:120年前的西方媒体观察》,生活·读书·新知三联书店2014年版。
② 谭天:《中法战争后中法对两广与越南边界的勘定——从中国国家博物馆藏中越旧界碑说起》,《中国国家博物馆刊》2013年第3期,第115—124页。

驻华公使恭思当在北京签订《中法续议界务专条》,双方"照两国勘界大臣画定界图,并照以上所画界线,由大清国地方官及大法民主国钦差驻越大臣,选派官员,前往会同办理,安设界牌事宜"①,分别对桂越段、粤越段和滇越段进行勘界改正(图 2-51)。1895 年,中法签订《续议界务专条附章》,将原属云南的临安府南境的勐蚌、勐赖、勐梭和衙门坡、普方、里方划给法属安南,普洱府属车里宣慰司的勐乌、乌得等地划给法属老挝,②形成现在云南省境内金平县至绿春县间的中越边境;又在大小赌咒河间划一条妥协界线,麻栗坡、都龙、勐峒地划归中国,而黄树皮划归越南,形成今日云南马关县南中段边界。

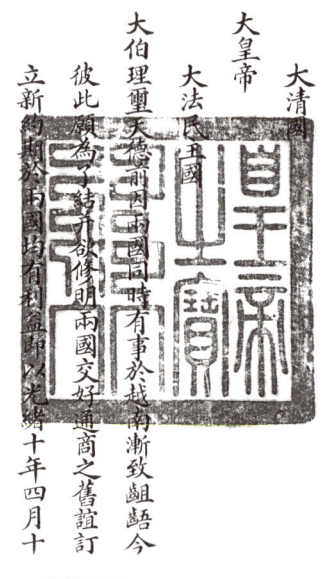

图 2-50 《中法新约》③   图 2-51 中越边界钦州段界碑④

---

① 王铁崖编:《中外旧约章汇编》第 1 册,生活·读书·新知三联书店 1957 年版。
② 同上。
③ 本约除中、法方批准本,另有法文全权画押本、法文换约凭单及法方批准文之译本。图片来源:台北故宫博物院"翠绿边地——清季西南边界条约舆图特展",http://theme.npm.edu.tw/exh105/GreenBorderlands/ch/index.html#main。
④ 谭天:《中法战争后中法对两广与越南边界的勘定——从中国国家博物馆馆藏中越旧界碑说起》,《中国国家博物馆馆刊》2013 年第 3 期,第 115—124 页。

五、海疆变迁

近代中国海疆的变迁主要涉及葡萄牙占据澳门、英国占据香港、日本占据台湾及其附属岛屿——钓鱼岛和南海诸岛等问题。

从18世纪开始,英国就向中国大量走私鸦片,严重影响中国人民健康,并造成中国白银外流等一系列问题(图2-52)。中国政府意识到鸦片走私的巨大危害,逐渐加大打击力度,并于1839年命林则徐主持虎门销烟。1840年5月,英国两院通过了对华用兵军费案和"英商在华损失必须达到满足赔款"两大议案,英国正式对华宣战。此时中英两国在军力方面相差极大,英国船坚炮利,清朝并无专门的海军兵种,战斗力低下。战争爆发后,清朝军队节节败退,6月英军取舟山,封锁

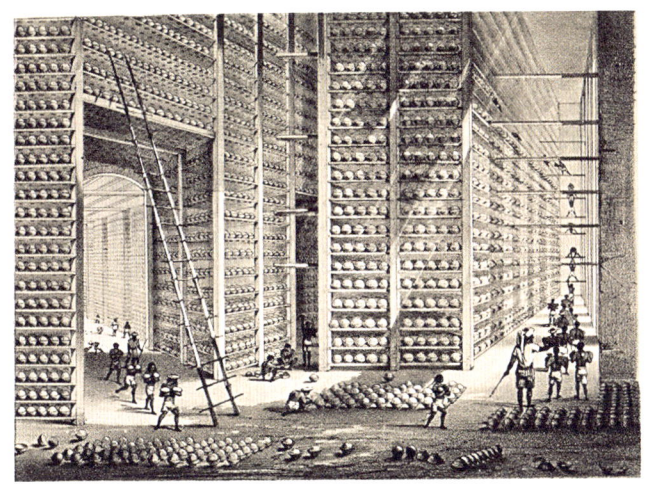

图2-52 英国东印度公司的鸦片仓库①

---

① Prose from The Graphic reproduced in: The Truth about Opium Smoking, 1882, Lithograph after W. S. Sherwill, ca. 1850. Wellcome Images,[1850_Sherwill_5_Stack1B82D]from Perdue,C. Peter,The First Opium War,The Anglo-Chinese War of 1839-1842(刊载于麻省理工大学网站,https://ocw.mit.edu/ans7870/21f/21f.027/opium_wars_01/index.htmll)。

广州、厦门海口,7月攻克浙东重镇定海,封锁宁波、杭州湾,8月抵大沽口,逼近北京。① (图2-53、图2-54、图2-55)

图2-53 中英双方在舟山进行谈判②

图2-54 英军进攻舟山,在炮船的掩护下登陆③

---

① 茅海建:《天朝的崩溃:鸦片战争再研究》,生活·读书·新知三联书店2005年版。
② 图为1840年7月4日中英在舟山的谈判,地点是威里士厘号上。中间是著名的翻译郭士立,英方试图说服中方投降,没有成功。From a drawing by Harry Darell, Anne S. K. Brown Military Collection, Brown University Library [1842_conf_darrell_brown]from Perdue, C. Peter, The First Opium War, The Anglo-Chinese War of 1839-1842(刊载于麻省理工大学网站,https://ocw.mit.edu/ans7870/21f/21f.027/opium_wars_01/index.htmll)。
③ 图为1840年7月5日英军对浙江官员劝降失败后,开始进攻舟山,英军在炮船的掩护下登陆。From a drawing by Harry Darell, National Maritime Museum, [1840_PAG9185_Chusan_nmm] from Perdue, C. Peter, The First Opium War, The Anglo-Chinese War of 1839-1842(刊载于麻省理工大学网站,https://ocw.mit.edu/ans7870/21f/21f.027/opium_wars_01/index.htmll)。

第二章　近代中外条约与中国疆界变迁

图 2-55　英军占领定海①

因英军临近京师,道光帝只得将林则徐、邓廷桢撤职查办,派直隶总督琦善南下广州与英军谈判。1840 年 12 月,谈判开始后,英方提出赔款割地等要求,遭到清政府拒绝,英军发起"虎门之战",进占广州(图 2-56、图 2-57)。之后英国派璞鼎查替代义律继任海军总督,继续侵略浙东,并循长江而上,进攻镇江,8 月 3 日直达南京。清政府全面妥协,第一次鸦片战争结束。中英两国在军力上相差极大,尤其是海防方面,清朝无专门的海军兵种,船只大多为木质小型战船,与英军的力量对比悬殊,且军队操练不足,实是无法与英军抗衡(图 2-58、图 2-59)。②

① Perdue, C. Peter, The First Opium War, The Anglo-Chinese War of 1839-1842 (刊载于麻省理工大学网站, https://ocw.mit.edu/ans7870/21f/21f.027/opium_wars_01/index.html)。
② 茅海建:《天朝的崩溃:鸦片战争再研究》,生活·读书·新知三联书店 2005 年版。

图 2-56　中英广州穿鼻海战①

图 2-57　英军攻占广州虎门和黄埔②

---

① Engraving based on artwork by Thomas Allom,Yale,from Perdue,C. Peter ,The First Opium War,The Anglo-Chinese War of 1839－1842(刊载于麻省理工大学网站，https://ocw. mit. edu/ans7870/21f/21f. 027/opium _ wars _ 01/index. htmll)。

② Wikimedia Commons［1841_Feb26_BoccaT_1850c_wm］from Perdue,C. Peter,The First Opium War,The Anglo-Chinese War of 1839－1842(刊载于麻省理工大学网站，https://ocw. mit. edu/ans7870/21f/21f. 027/opium_wars_01/index. htmll)。

第二章　近代中外条约与中国疆界变迁

图 2-58　英国战舰复仇女神号①

图 2-59　中国木战船被复仇女神号击沉②

　　1842 年 8 月 29 日,中方代表耆英与英方代表璞鼎查在江苏南京签署了中国近代第一份不平等条约——中英《南京条约》,英国强行割占香港岛(图 2-60、图 2-61)。

① Perdue,C. Peter,The First Opium War,The Anglo-Chinese War of 1839-1842 (刊载于麻省理工大学网站,https://ocw. mit. edu/ans7870/21f/21f. 027/opium_wars_01/index. htmll)。
② 1841 年 1 月 7 日,复仇女神号击沉中国木战船。National Maritime Museum, [1841_0792_nemesis_jm_nmm] from Perdue,C. Peter,The First Opium War, The Anglo-Chinese War of 1839-1842(刊载于麻省理工大学网站,https://ocw. mit. edu/ans7870/21f/21f. 027/opium_wars_01/index. htmll)。

近代中外条约图志

图 2-61　中英《南京条约》签订现场①

图 2-61　中英《南京条约》割让香港条款②

① 1840 年 8 月 29 日，中国被迫签订《南京条约》，图中中方人员是耆英、伊里布，英方人员是璞鼎查。Painted by Capt. John Platt, Anne S. K. Brown Military Collection, Brown University Library[1846_TreatyNanking_Brown]from Perdue, C. Peter , The First Opium War, The Anglo-Chinese War of 1839－1842(刊载于麻省理工大学网站，https://ocw.mit.edu/ans7870/21f/21f.027/opium_wars_01/index.htmll).
② 台北故宫博物院藏。

英国觊觎香港岛已久,1828 年即占领香港附近的峙山,1836 年占领金星门,1837 年秘密在香港建立居留点,1839 年对中国开战后,即以香港为基地,发动了侵华战争。1856 年英法两国又挑起第二次鸦片战争。① 1856 年 10 月至 1857 年 6 月,英军与广东水师三次交战,清军节节败退。1857 年 12 月英法联军攻克广州,并向北进军,1858 年 4 月攻破大沽口,清朝与英法美俄签署《天津条约》。后英法联军继续向北京进发,清政府迫于压力,1860 年与四国公使于北京换约,是为《北京条约》,清朝"立批永租"九龙司予英国,并划归"英属香港界"。② 1898 年 6 月,英国又强迫清廷签订《展拓香港界址专条》,将深圳河以南、九龙半岛界限街以北及其附近岛屿划为"新界",租借给英国,租期 99 年。③(图 2-62、图 2-63、图 2-64)

图 2-62 香港④

---

① 张炜、方堃主编:《中国海疆通史》,中州古籍出版社 2003 年版。
② 王铁崖编:《中外旧约章汇编》第 1 册,生活·读书·新知三联书店 1957 年版。
③ 同上。
④ 中国历史明信片数据库,http://postcard.vcea.net/Database.php。

图 2-63　从山顶看香港①

图 2-64　香港英军军营②

澳门自古以来就是中国领土(图 2-65),明末以来葡萄牙非法占据澳门。1849 年葡萄牙澳门总管亚马留趁英军于广州挑衅,下令封闭

---

① 中国历史明信片数据库,http://postcard.vcea.net/Database.php。
② 同上。

粤海关设在澳门的征税单位,又强制澳门原住民向葡政府领取执照并迁移。8月,120名葡萄牙士兵侵入界栅,强占炮台,强占澳门。1887年,在英国的支持下,清廷被迫与葡萄牙政府订立《中葡和好通商条约》,将澳门永租葡萄牙。

图 2-65 18世纪澳门正面图①

19世纪70年代起,日本崛起,并觊觎台湾岛。1874年4月,日本入侵台湾,5月7日于台湾南部琅峤登陆,但限于国力,日本很快发现并不能迅速吞并台湾,因此通过外交讹诈,10月31日与清政府于北京签署《台事专条》。日本同意从台湾撤军,但清政府则变相承认日本对琉球的占领。1875年日本正式驻军琉球,清政府并未加以干涉,1879年日本正式吞并琉球,将其改名冲绳县。1885年,清政府认识到台湾之重要性,于10月12日设台湾省。

1894年,日本挑起与朝鲜争端,中国卷入其中,7月日本拒绝中国提出的从朝鲜撤军的要求,并进犯驻牙山的清军,中日甲午战争爆发。

---

① 吕一燃主编:《中国近代边界史》上卷,四川人民出版社2007年版。

中方以李鸿章为首的领导层奉行"避战保船"的战略,一味退让,然而在撤退途中,于黄海区域偶遇日本联合舰队,并爆发了著名的黄海海战。在战斗中,北洋舰队有损失,但主力尚存,李鸿章等却将北洋舰队作为私人政治筹码,不愿意再次应战。刘公岛一役,北洋舰队被日军包围,全军覆没。1895年清政府被迫与日本签署《马关条约》,割让辽东半岛、台湾及其附属岛屿和澎湖列岛。① 其中辽东半岛一项,最初日本要求割让北纬41°以南的全部地区,后经李鸿章全力争取,缩小至安平河口—凤凰城—海城—营口一线以南地区。(图2-66、图2-67、图2-68)《马关条约》签订后,俄、法、德三国又出面干涉,最终辽东半岛由清政府以三千万两白银赎回,因而暂时免于割让。

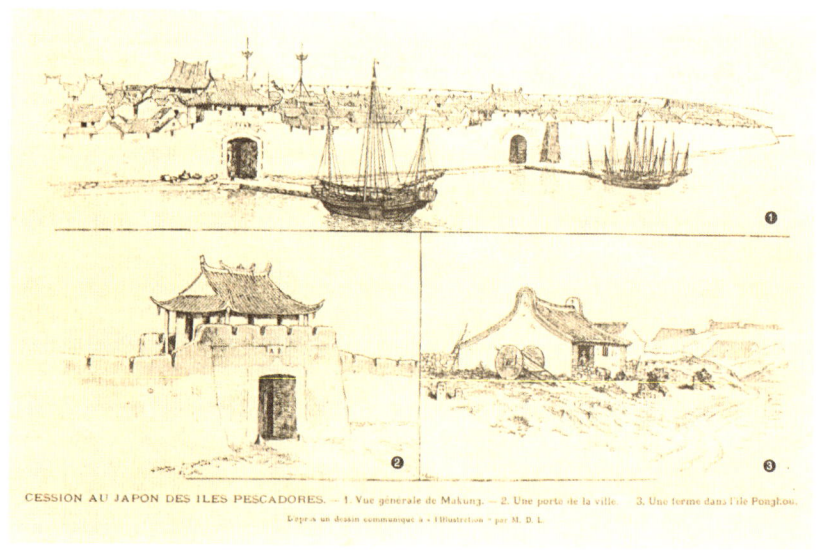

图 2-66 澎湖列岛被割让给日本②

---

① 王铁崖编:《中外旧约章汇编》第1册,生活・读书・新知三联书店1957年版。
② Illustrations(《插图报》),May 11 th, 1895. 参见万国报馆编著:《甲午:120年前的西方媒体观察》,生活・读书・新知三联书店2014年版。

图 2-67　1895 年 6 月日军进占台北①

图 2-68　日本占据台湾时期的台湾总督府②

① 曾讲来主编:《崩溃的帝国——明信片中的晚清》,北京大学出版社 2014 年版。
② World Digital Library(世界数字图书馆),View of the Office of the Governor-General of Taiwan, https://www.wdl.org/en/item/2880/# provinces＝taiwan&countries＝CN.

台湾、澎湖于1945年抗日战争胜利后收回。依据《波茨坦公告》，日本应将台湾、澎湖等所有侵占的中国领土一并归还中国，但至今日本仍非法占据台湾的附属岛屿——钓鱼岛。

钓鱼岛及其附属岛屿是台湾的附属岛屿，坐落在东中国海的大陆架上，位于台湾岛的东北侧，隔冲绳海槽与日本琉球群岛相望。钓鱼岛及其附属岛屿自古以来就是中国领土。

早在数百年前，中国人就已经发现、命名、利用和管辖钓鱼岛及其附属岛屿，得到国际社会广泛认可。大量中文、日文和西文古地图都表明钓鱼岛及其附属岛屿是中国领土。例如：1863年刊行的清朝官方地图——《皇朝中外一统舆图》，明确地将钓鱼岛列入中国版图。日本最早记载钓鱼岛的文献为1785年林子平所著《三国通览图说》的附图——《琉球三省并三十六岛之图》，该图将钓鱼岛列在琉球三十六岛之外，并与中国大陆绘成同色，显示钓鱼岛为中国领土的一部分。笔者所见欧洲最早的记录有钓鱼岛及其附属岛屿的地图是法国传教士宋君荣的法文地图《琉球群岛地图》（"Carte Des Isles de Lieou-Kieou"，1751）。该法文地图将钓鱼岛及其附属岛屿用中文岛屿名称的音译记作"Tiaoyusu""Hoangoueysu"和"Tchehoeyou"，分别指钓鱼岛本岛、黄尾屿和赤尾屿。

1895年，清廷在甲午战争中败局已定，日本乘机非法占据钓鱼岛及其附属岛屿。同年，清廷被迫与日本签订不平等的《马关条约》，"台湾全岛及所有附属各岛屿"被迫割让给日本（图2-69）。钓鱼岛作为台湾的附属岛屿，由此也被割让给日本。1931年9月日本侵华，抗日战争爆发，1941年12月，中国政府正式对日本宣战，在《国民政府对日本宣战布告》中声明："所有一切条约、协定、合同，有涉及中日间关系者，一律废止。"① 也就是说《马关条约》法律效力至此废止。1943年中

---

① 林森：《国民政府对日本宣战布告》，《立法院公报》1942年第117期。

第二章 近代中外条约与中国疆界变迁

国抗战暨世界反法西斯战争逐渐走向胜利，同盟国——美国、英国和中国联合发表《开罗宣言》，1945年7月同盟国又发表《波茨坦公告》，这两个文件都强调日本必须归还其侵占的所有中国领土（图2-70、图2-71）。

1945年抗战胜利，台湾光复，钓鱼岛及其附属岛屿回归中国，却在1953年前后被美国非法托管。1971年，美国又将钓鱼岛及其附属岛屿的所谓"施政权"非法转交日本。① 复杂的历史和政治原因，使得中国与日本围绕钓鱼岛及其附属岛屿的主权归属存在争议。中国政府、人民和全世界中华儿女，为捍卫钓鱼岛及其附属岛屿的主权，进行了坚持不懈的努力和斗争。

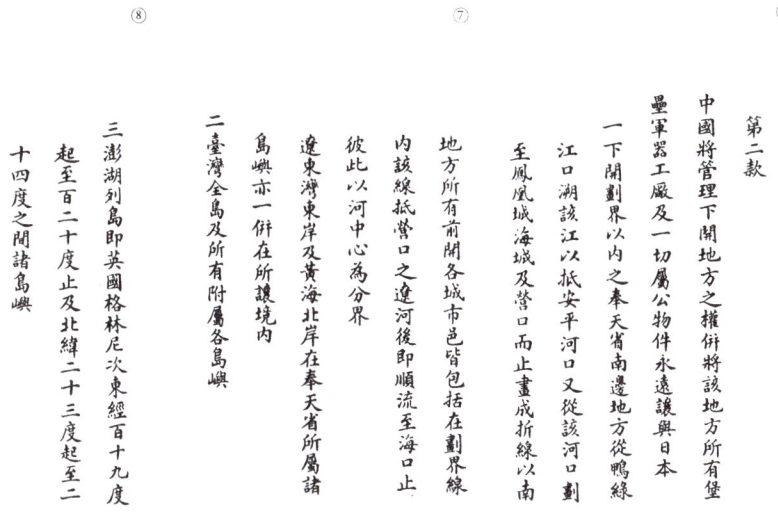

图2-69　1895年中日《马关条约》关于中国割让台湾、澎湖和辽东地区的条款②

---

① 中华人民共和国国务院新闻办公室：《钓鱼岛是中国的固有领土白皮书》；国家海洋信息中心编：《钓鱼岛——中国的固有领土》，海洋出版社2012年版。
② 台北故宫博物院藏。

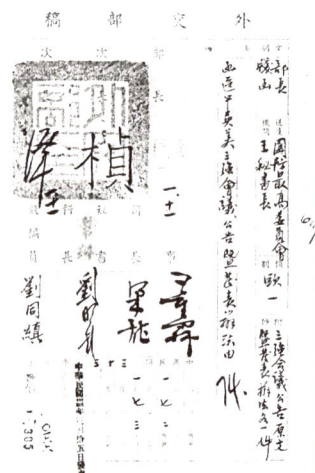

PRESS COMMUNIQUE

PRESIDENT ROOSEVELT, GENERALISSIMO CHIANG KAI-SHEK AND PRIME MINISTER CHURCHILL, TOGETHER WITH THEIR RESPECTIVE MILITARY AND DIPLOMATIC ADVISERS, HAVE COMPLETED A CONFERENCE IN NORTH AFRICA. THE FOLLOWING GENERAL STATEMENT WAS ISSUED:

"THE SEVERAL MILITARY MISSIONS HAVE AGREED UPON FUTURE MILITARY OPERATIONS AGAINST JAPAN. THE THREE GREAT ALLIES EXPRESSED THEIR RESOLVE TO BRING UNRELENTING PRESSURE AGAINST THEIR BRUTAL ENEMIES BY SEA, LAND AND AIR. THIS PRESSURE IS ALREADY RISING.

"THE THREE GREAT ALLIES ARE FIGHTING THIS WAR TO RESTRAIN AND PUNISH THE AGGRESSION OF JAPAN. THEY COVET NO GAIN FOR THEMSELVES AND HAVE NO THOUGHT OF TERRITORIAL EXPANSION. IT IS THEIR PURPOSE THAT JAPAN SHALL BE STRIPPED OF ALL THE ISLANDS IN THE PACIFIC WHICH SHE HAS SEIZED OR OCCUPIED SINCE THE BEGINNING OF THE FIRST WORLD WAR IN 1914, AND THAT ALL THE TERRITORIES JAPAN HAS STOLEN FROM THE CHINESE, SUCH AS MANCHURIA, FORMOSA, AND THE PESCADORES, SHALL BE RESTORED TO THE REPUBLIC OF CHINA. JAPAN WILL ALSO BE EXPELLED FROM ALL OTHER TERRITORIES WHICH SHE HAS TAKEN BY VIOLENCE AND GREED. THE AFORESAID THREE GREAT POWERS, MINDFUL OF THE ENSLAVEMENT OF THE PEOPLE OF KOREA, ARE DETERMINED THAT IN DUE COURSE KOREA SHALL BECOME FREE AND INDEPENDENT.

"WITH THESE OBJECTS IN VIEW THE THREE ALLIES, IN HARMONY WITH THOSE OF THE UNITED NATIONS AT WAR WITH JAPAN, WILL CONTINUE TO PERSEVERE IN THE SERIOUS AND PROLONGED OPERATIONS NECESSARY TO PROCURE THE UNCONDITIONAL SURRENDER OF JAPAN."

图 2－70　1943 年《开罗宣言》①

July 26, 1945

◎Article 8：

The terms of the Cairo Declaration shall be carried out and Japanese sovereignty shall be limited to the islands of Honshu, Hokkaido, Kyushu, Shikoku and such minor islands as we determine.

◎第八條：

開羅宣言之條件必將實施，而日本之主權必將限於本州、北海道、九州、四國及吾人所決定其他小島之內。

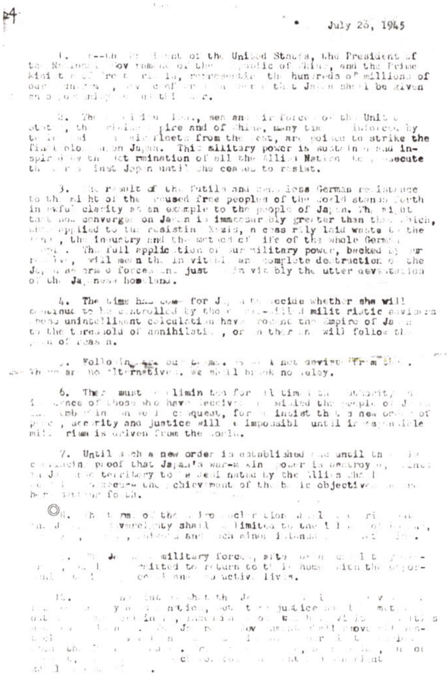

图 2－71　1945 年《波茨坦公告》②

① 台北故宫博物院藏。

② 同上。

南海诸岛包括东沙、西沙、中沙和南沙四大群岛，是中国的固有领土，中国历朝历代的政府对此区域进行了有效的管辖。清代以来，南海诸岛一直由广东省管辖。清末至民国初年，日、法等国逐渐觊觎中国南海诸岛。1937 年，日本发动全面侵华战争，南海诸岛大部分岛礁都被日本侵占。1939 年，日本将其侵占的南沙群岛部分岛礁划归处于日本殖民统治之下的台湾省管辖(图 2－72)。①

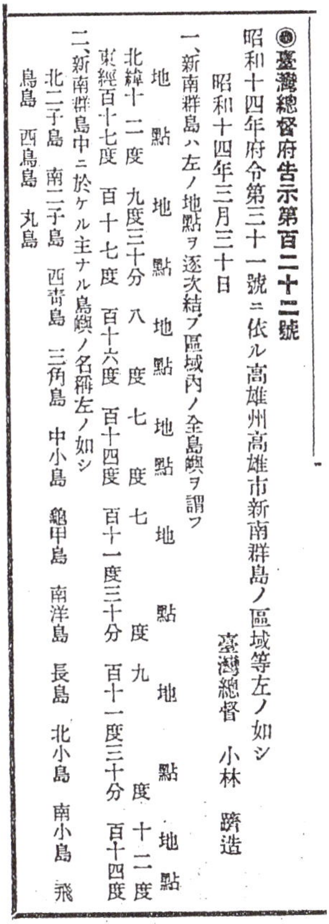
◎臺灣總督府告示第百二十二號

昭和十四年府令第三十一號ニ依ル高雄州高雄市新南群島ノ區域等左ノ如シ

昭和十四年三月三十日　臺灣總督　小林躋造

一、新南群島ハ左ノ地點ヲ逐次結ブ區域内ノ全島嶼ヲ謂フ

	地點	地點	地點	地點	地點	地點	地點
北緯	十二度	九度三十分	八度	七度	七度	九度	十二度
東經	百十七度	百十七度	百十六度	百十四度	百十一度三十分	百十一度三十分	百十四度

二、新南群島中ニ於ケル主ナル島嶼ノ名稱左ノ如シ

北二子島　南二子島　西青島　三角島　中小島　龜甲島　南洋島　長島　北小島　南小島　飛鳥島　西鳥島　丸島

图 2－72　1939 年日据台湾总督府关于将南沙群岛部分岛礁编入台湾高雄的告示②

① 日本大藏省印刷局编:《日本微写真》(『日本マイクロ寫真』)，1939 年 4 月18 日。
② 同上。

1945年9月中国抗战胜利,山河重光,依据《开罗宣言》和《波茨坦公告》,南海诸岛和其他中国领土一起回归中国。台湾省行政长官陈仪责成台湾省气象局恢复在西沙和南沙的气象工作。台湾省气象局于1945年12月8日派员搭乘机动帆船成田号,从高雄起航,开始侦察巡视南海诸岛;12月12日,到达西沙群岛永兴岛、东岛并登陆,还"植牌竖旗,以示西沙失土重归版图";随后又巡遍南海各岛,于1946年1月20日返回高雄。返航后,台湾省气象局完成了较为翔实的南海巡视报告,台湾行政长官陈仪专门报告国民政府。①

中国海军于1946年11月至12月间派遣永兴舰、中建舰接收西沙群岛,派遣太平舰、中业舰接收南沙群岛(图2-73、图2-74)。1948年2月,中国内政部方域司公布《中华民国行政区域图》,其附图包括《南海诸岛位置图》,由此向全世界宣示中国对南海诸岛的主权。

图2-73 1946年中国海军接收南沙群岛②

---

① 吴跃农:《国民政府维护南海主权和抗战胜利后收复南海诸岛纪略》,《内蒙古统战理论研究》2016年第4期,第40—44页。
② 吕一燃主编:《中国近代边界史》上卷,四川人民出版社2007年版。

图 2-74 1946年中国海军重立的太平岛主权碑正面及背面①

1945年抗战刚刚胜利时,南海诸岛暂由广东省、台湾省分别管辖。1946年12月,国民政府行政院将南海诸岛整体划归广东省政府管辖。同时,考虑到南海诸岛无定居居民,只有海军戍守且属海防要区,1947年2月内政部呈请行政院,决议在海南岛行政特别区未成立以前,南海诸岛暂由海军管理。1947年7月,中国政府筹建海南特别行政区,南沙群岛划归海南特别行政区管辖。② 1949年,中华人民共和国成立,南海诸岛划归广东省管辖。1988年海南省成立,南海诸岛的西沙、中沙和南沙群岛划归海南省管辖。不过,出于历史原因,东沙岛和太平岛一直由台湾当局实际管辖。此外,南沙群岛的部分岛礁还被越南、菲律宾等国非法侵占。

1951年,美国等国家擅自与日本签署《旧金山和约》(又称《对日和平条约》)。该和约将重要的战胜国——中国排除在外,因而不为中华

---

① 吕一燃主编:《中国近代边界史》上卷,四川人民出版社2007年版。
② 谭卫元:《民国时期中国政府对南海诸岛设治管辖的历史考察》,《中国边疆史地研究》2016年第2期,第135—145页。

人民共和国政府承认。但即使《旧金山和约》是一个不合理的条约，它还是规定日本归还其侵占的西沙群岛和南沙群岛（日本称新南群岛）等中国领土（图2-75）。

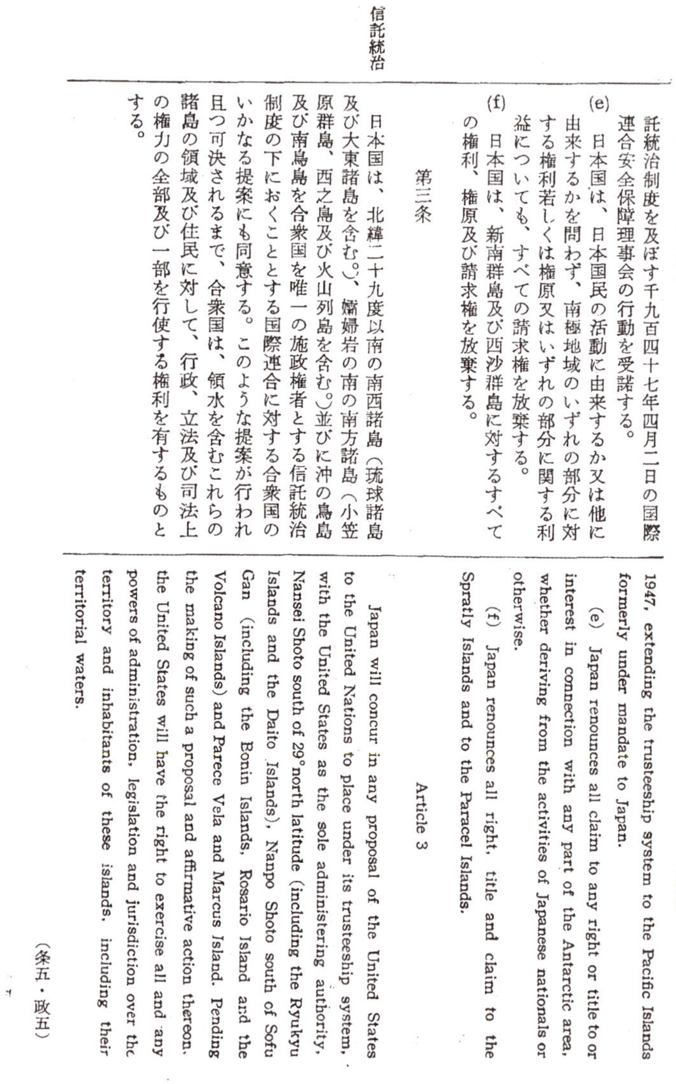

日本国との平和条約

第三条

日本国は、北緯二十九度以南の南西諸島（琉球諸島及び大東諸島を含む）、孀婦岩の南の南方諸島（小笠原群島、西之島及び火山列島を含む）並びに沖の鳥島及び南鳥島を合衆国を唯一の施政権者とする信託統治制度の下におくこととする国際連合のいかなる提案にも同意する。このような提案が行われ且つ可決されるまで、合衆国は、領水を含むこれらの諸島の領域及び住民に対して、行政、立法及び司法上の権力の全部及び一部を行使する権利を有するものとする。

信託統治

(e) 日本国は、日本国民の活動に由来するか又は他に由来するかを問わず、南極地域のいずれの部分に関する利益についても、すべての権利若しくは権原又はいずれの部分に関する利益についても、すべての権利又は請求権を放棄する。

(f) 日本国は、新南群島及び西沙群島に対するすべての権利、権原及び請求権を放棄する。

託統治制度を及ぼす千九百四十七年四月二日の国際連合安全保障理事会の行動を受諾する。

Article 3

Japan will concur in any proposal of the United States to the United Nations to place under its trusteeship system, with the United States as the sole administering authority, Nansei Shoto south of 29° north latitude (including the Ryukyu Islands and the Daito Islands), Nanpo Shoto south of Sofu Gan (including the Bonin Islands, Rosario Island and the Volcano Islands) and Parece Vela and Marcus Island. Pending the making of such a proposal and affirmative action thereon, the United States will have the right to exercise all and any powers of administration, legislation and jurisdiction over the territory and inhabitants of these islands, including their territorial waters.

(e) Japan renounces all claim to any right or title to or interest in connection with any part of the Antarctic area, whether deriving from the activities of Japanese nationals or otherwise.

(f) Japan renounces all right, title and claim to the Spratly Islands and to the Paracel Islands.

1947, extending the trusteeship system to the Pacific Islands formerly under mandate to Japan.

（条五·政五）

图 2-75 《旧金山和约》规定日本放弃南沙群岛（新南群岛）和西沙群岛①

---

① 『日本国との平和条約』，藏于日本外务省。参见 www.mofa.go.jp/mofaj/gaiko/treaty/pdfs/B-S38—P2—795_1.pdf.

第三章　通商口岸

近代中国的通商口岸,或者称商埠,可以分为两类:一是依据中国与相关国家签订的条约开放的通商口岸,也称约开商埠;二是中国自行开放的通商口岸,如湖南岳州(今岳阳)、福建三都澳与云南昆明等,也称自开商埠。自开商埠数量较少,且晚至19世纪末20世纪初才出现,有些情况下,自开商埠与约开商埠之间界限比较模糊,比较难以精确界定。一般所称的近代通商口岸往往特指约开商埠,下文所称的通商口岸也指约开商埠。① 在这些被迫开放的通商口岸,中国处于不平等地位,部分主权受到侵犯。

依据条约开放的通商口岸其实可以追溯到1782年《恰克图条约》约定开放的恰克图。该口岸位于当时的中俄边境,依据《恰克图条约》的规定,恰克图一分为二,北部属俄国,南部属中国。② 不过《恰克图条约》是一个平等的条约,恰克图也是中国自愿开放的。20世纪上半叶外蒙古脱离中国独立,恰克图位于俄蒙边境,已经不

---

① 唐凌等:《自开商埠与中国近代经济变迁》,广西人民出版社2002年版。
② Treaty of Kiakhta. In: *China Imperial Maritime Customs*,Ⅲ Miscellaneous Series, No. 30. Treaties, Conventions etc. between China and foreign states, Vol. 1. Shanghai: the Statistical Department of the Inspectorate General of Customs, 1908.

属于中国。

近代中国开放通商口岸,始于《南京条约》。下文先简略介绍广为人知的沿海沿江地区通商口岸,再详细介绍受关注相对较少的西北边疆、西藏、云南和东北等内陆地区的通商口岸。

一、沿海沿江地区的通商口岸

1840年,中英鸦片战争爆发,1842年中国战败,与英国签订《南京条约》,首次被迫开放通商口岸。中国开辟东南沿海地区的五座港口城市上海、宁波、福州、厦门和广州为通商口岸(图3-1、图3-2、图3-3、图3-4、图3-5)。

图3-1 开埠后的上海(约1869年)①

---

① [美]李士风著、译:《晚清华洋录:美国传教士、满大人和李家的故事》,上海人民出版社2004年版。

第三章 通商口岸

图3-2 开埠后的宁波（约1880年）①

图3-3 开埠后的福州（1876或1877年）②

① Purchased from Lucy Drew，1949. Repository：Harvard Yenching Library EBD 08.58.
② Purchased from Lucy Drew，1949. Repository：Harvard Yenching Library EBD 06.06.

图 3-4　开埠后的厦门（约 1868 年）①

图 3-5　开埠后的广州（约 1855 年）②

---

① *Album of Hongkong Canton Macao Amoy Foochow*，出版年：约 1870 年，出版地：不详，卷数：1 册，简介：Photographs of Hongkong, Canton, Macao, Amoy and Foochow (Fuzhou) taken by Morrison. Consists of 115 photos in all. Pictures of Amoy were taken in 1868, while the rest were in 1870. Contains a short handwritten commentary by Morrison at the beginning. 收藏地：日本东洋文库。

② ［美］李士风著、译：《晚清华洋录：美国传教士、满大人和李家的故事》，上海人民出版社 2004 年版。

第三章　通商口岸

1856年,第二次鸦片战争爆发,中国再度战败,被迫与英、法、美、俄等列强签订一系列《天津条约》。其中,中英《天津条约》规定"增开牛庄(今辽宁营口)、登州(今山东烟台蓬莱,后改在烟台市区)、台湾(今台湾台南)、潮州(今广东潮州,后改在汕头)、琼州(今海南海口)为通商口岸"(图3-6、图3-7、图3-8、图3-9、图3-10、图3-11、图3-12、图3-13、图3-14),又规定"长江汉口段以下至海沿岸,除增开镇江一口外,再选择不超过三处地方开放"。中法《天津条约》规定,增开琼州、潮州、台湾、淡水(今台湾新竹)、登州和江宁为通商口岸。其中江宁(今南京)虽然在中法《天津条约》被规定为通商口岸,但是因为当时南京是太平天国的都城,太平天国运动失败,南京又遭到战火的惨重破坏,所以长期不具备开埠条件。

图3-6　1927年前后的辽宁营口①

---

① 南"满洲"铁道株式会社社长情报课:《满洲写真帖》,中日文化交流协会1927年版。

图3-7　19世纪末20世纪初的山东登州①

图3-8　开埠后的烟台（19世纪末20世纪初）②

---

① 程麻编著：《美国镜头里的中国风情：一个传教士家族存留的山东旧影》，中国文史出版社2011年版。
② Views of China，出版年：不详，出版地：不详，卷数：2册，简介：A valuable collection of photographs taken in China between the end of the 19th and start of the 20th century. The photographs vividly capture the Chinese people and society of the day, and are accompanied by Morrison's handwritten explanations。语言：英语，收藏地：日本东洋文库。

第三章　通商口岸

图3-9　开埠后的烟台港①

图3-10　17世纪初荷兰对台南的规划图②

① Purchased from Lucy Drew，1949. Repository：Harvard Yenching Library EBD 08.47.
② Bibliothèque Nationale de France. See：http://gallica.bnf.fr/ark:/12148/btv1b6903975m.

图 3-11　1908 年前后的台南①

图 3-12　开埠后的汕头(约 1922 年)②

---

① 台湾总督府总督关房文书课:《台湾写真帖》,台湾总督府总督关房文书课 1908 年版。
② Bibliothèque Nationale de France. See：http://gallica.bnf.fr/ark:/12148/btv1b530940888.

第三章　通商口岸

图 3-13　开埠后的汕头（约 1934 年）①

图 3-14　开埠后的海口（约 1934 年）②

中美《天津条约》规定："增开广东广州、潮州，福建厦门、福州、台湾，浙江宁波，江苏上海。"中俄《天津条约》规定："增开上海、宁波、福州

---

① 伍联德主编：《老照片·中华景象》，南京出版社 2015 年版。
② 同上。

府、厦门、广州府、台湾、琼州府。"此外,根据片面最惠国待遇,这些通商口岸大都同时对其他列强开放,下文以镇江为例说明。

镇江位于江苏省南部,在近代成为通商口岸,并设有英租界,缘于第二次鸦片战争中清朝的战败和中英《天津条约》的签订(图 3-15)。

图 3-15 开埠后的镇江和镇江港①

① 刘佳:《镇江近代建筑形态及其演变研究》,江南大学 2012 年博士学位论文。

1858年，中英《天津条约》第十款约定："长江一带各口，英商船只俱可通商。惟现在江上下游均有贼匪，除镇江一年后通商外，其余俟地方平靖，大英钦差大臣与大清特派之大学士尚书会议，准将自汉口溯流至海各地，选择不逾三口，准为英船出进货物通商之区。"第十二款约定："英国民人在各口并各地方，意欲租地盖屋设立栈房礼拜堂医院坟基，均按民价照给，公平定议，不得互相勒掯。"①

依据《天津条约》，镇江将在条约签订一年后，即1859年开埠，不过实际上延宕至1861年才开埠。②

镇江开埠使镇江成为近代一个重要口岸，航运业迅猛发展，海关设立，洋商进入，镇江一度成为长江下游近代化程度仅次于上海的商业城市。③

此后，随着中国与各国陆续签订各种条约，主要是与英、日、法等国签订一系列不平等条约，通商口岸不断增加。例如：

1860年中英、中法《北京条约》又增开天津为通商口岸（图3-16）。

1876年，中英《烟台条约》（又称《滇案条约》），规定增开湖北宜昌、安徽芜湖、浙江温州、广东北海（今属广西）为通商口岸（图3-17、图3-18、图3-19）。

---

① 田涛主编：《清朝条约全集》第1卷，黑龙江人民出版社1999年版。
② 戴迎华：《镇江开埠问题略论》，《江苏理工大学学报（社会科学版）》1999年第3期，第76—81页；吴松弟、杨敬敏：《近代中国开埠通商的时空考察》，《史林》2013年第3期，第76—89、188页。
③ 戴迎华：《镇江开埠问题略论》，《江苏理工大学学报（社会科学版）》1999年第3期，第76—81页。

图 3-16　天津白河，接近外国租界区①

图 3-17　宜昌府全景（一）②

① *Views of China*，出版年：不详，出版地：不详，卷数：2 册，简介：A valuable collection of photographs taken in China between the end of the 19th and start of the 20th century. The photographs vividly capture the Chinese people and society of the day, and are accompanied by Morrison's handwritten explanations。语言：英语，收藏地：日本东洋文库。

② Ichang (west end) [Title from label in photograph album.] Author / Creator：Wilson, Ernest Henry, 1876 - 1930, American, English [photographer] Repository：Arnold Arboretum Horticulture Library (Jamaica Plain) AAE-02765.

第三章　通商口岸

图 3-18　宜昌府全景（二）①

图 3-19　温州（约 1878—1880 年）②

1895 年，中日《马关条约》增开沙市、重庆、苏州、杭州为商埠（图 3-20、图 3-21、图 3-22、图 3-23）。

---

① Photo by Wilson，Ernest Henry，1909.
② Pagoda Island at Wenchow，收藏于哈佛燕京图书馆。

图 3-20　19 世纪末的沙市①

图 3-21　1945 年前后的重庆（嘉陵江边）②

① Raquez A., *Au Pays des Pagodes*, La Presse Orientale, 1900. 参见北京大学图书馆编：《烟雨楼台——北京大学图书馆藏西籍中的清代建筑图像》，中国人民大学出版社 2008 年版。
② Aerial views of Chungking, China during World War II. Creator: Child, Paul, photographer. Date: ca. 1945. Schlesinger Library on the History of Women in America, Radcliffe Institute MC644-54-19-20.

第三章　通商口岸

图3-22　苏州城鸟瞰图①

图3-23　杭州西湖（约1906年）②

---

① Bird's-eye view of tiled roofs and stone bridges over river running through Chinese city, possibly Suzhou Provenance. Purchased from Lucy Drew, 1949. Repository: Harvard Yenching Library EBD 00.164.
② China - Hanchau West Lake [Title from recto of mount.] Author / Creator: Meyer, Frank Nicholas, 1875 - 1918, Dutch, American [photographer] Repository: Arnold Arboretum Horticulture Library (Jamaica Plain) AAE-00628.

1897年,《中英续议缅甸条约附款》,增开云南腾越(腾冲)、思茅,广东三水三根墟(今佛山市三水区)和广西梧州为通商口岸(图3-24、图3-25)。云南腾越、思茅两个通商口岸将在云南通商口岸一节详述。

图3-24　20世纪初的广西梧州英国领事馆①

图3-25　1934年前后的广东佛山②

① Agier, A. Gorton, *The Far East Revisited*, 1908. 参见北京大学图书馆编:《烟雨楼台——北京大学图书馆藏西籍中的清代建筑图像》,中国人民大学出版社2008年版。
② 伍联德主编:《老照片·中华景象》,南京出版社2015年版。

二、 内陆地区的通商口岸

内陆地区的通商口岸，主要集中在西北边疆地区（以新疆为主）、西藏、云南和东北地区。这类通商口岸，繁荣程度逊于沿海、沿江地区。内陆地区一般不设租界，不过在新疆塔城、伊犁（伊宁）、喀什噶尔（喀什）等地有俄国强设的"贸易圈"。兹分述如下：

1. 西北边疆地区

近代西北边疆地区以条约形式开放的通商口岸大都是在俄国胁迫下被迫开放的，并依据片面最惠国待遇对列强开放。这些通商口岸分布在新疆（7处）、甘肃（1处）和原属中国的外蒙古地区（2处）。其大致历史过程如下：

1851年，中俄签订《伊犁塔尔巴哈台通商章程》，伊犁（今新疆伊宁）、塔尔巴哈台（今新疆塔城）开埠通商（图3-26、图3-27）。[1]

1860年的中俄《北京条约》规定新增喀什噶尔（今新疆喀什）开埠通商（图3-28、图3-29、图3-30）。此外，该条约还规定"俄国商人，除在恰克图贸易外，其由恰克图照旧到京，经过库伦、张家口地方，如有零星货物，亦准行销"[2]。张家口至库伦的大道一直是重要的贸易通道，库伦（今蒙古国乌兰巴托）和河北张家口也是事实上的通商口岸（图3-31、图3-32）。

---

[1] Treaty of Kuldja. In: *China Imperial Maritime Customs*, Ⅲ Miscellaneous Series, No. 30. Treaties, Conventions etc. between China and foreign states, Vol. 1. the Statistical Department of the Inspectorate General of Customs, 1908.

[2] Additional Treaty of Peking. In: *China Imperial Maritime Customs*, Ⅲ Miscellaneous Series, No. 30. Treaties, Conventions etc. between China and foreign states, Vol. 1. the Statistical Department of the Inspectorate General of Customs, 1908.

图 3-26　1907 年的新疆伊犁①

图 3-27　1934 年的新疆塔尔巴哈台②

---

① Photo by G. Mannerheim (Finland),1907. 参见厉声、许建英编写:《百年新疆》,新疆人民出版社 2006 年版。
② 吴蔼宸摄于 1934 年。参见厉声、许建英编写:《百年新疆》,新疆人民出版社 2006 年版。

第三章　通商口岸

图 3-28　1890 年前后的喀什噶尔①

图 3-29　1911 年喀什噶尔的巴扎(Bazaar,即集市)②

---

① Frank E. Younghusband, *The Heart of a Continent*, John Murray, 1896.
② Turkestan - Kashgar Bazaar. Meyer, Frank Nicholas, 1875 - 1918, Dutch, A-merican, photographer 1911 - 02 - 09.

图 3-30　1927 年的喀什噶尔①

图 3-31　1900 年前后张家口至库伦的大道，张家口附近②

① China. Sinkiang (Xinjiang). Kashgar. Stadtmauerim Stadtteil Hancheng, Unbekannter Fotograf (Fotograf). In: Europeana Collections.
② *Deutschland in China 1900－1901*，bearbeitet von Teilnehmern an der Expedition, Druck von August Bagel, 1902.

第三章　通商口岸

图 3-32　1934 年前后的张家口[1]

1881 年 2 月,中俄在彼得堡签订了《中俄伊犁条约》和《改订陆路通商章程》,规定吐鲁番、哈密、乌鲁木齐、古城(今新疆奇台)及肃州(今甘肃酒泉和嘉峪关[2])、科布多(今属蒙古国)、乌里雅苏台(今属蒙古国)开埠通商(图 3-33、图 3-34、图 3-35、图 3-36、图 3-37)。

---

[1] 伍联德主编:《老照片·中华景象》,南京出版社 2015 年版。
[2] 条约原文在肃州下加注"即嘉峪关"。清代行政区"肃州直隶州"大致相当于今甘肃省酒泉市和嘉峪关市,嘉峪关并非清代官方行政区名,而是在肃州境内。今嘉峪关市是 20 世纪五六十年代从酒泉市境内析置。《清史稿·地理志·肃州直隶州》记载:"西,嘉峪山,其西麓设关,俄罗斯通商孔道,税务司驻焉。"也就是说,肃州通商口岸实际上设在嘉峪关,即今嘉峪关市。

图 3-33　20 世纪初的吐鲁番西克普寺庙遗址①

图 3-34　1926 年的哈密三道岭子②

---

① Stein A., *Innermost Asia*, Clarendon Press, 1928.
② Photo by Lattimore O., 1926. 参见厉声、许建英编写：《百年新疆》，新疆人民出版社 2006 年版。

图 3-35　1905 年乌鲁木齐街景①

图 3-36　1907 年古城到乌鲁木齐的商队②

1881 年《中俄伊犁条约》和《改订陆路通商章程》还规定："俄国照旧约在伊犁、塔尔巴哈台、喀什噶尔、库伦设立领事官,亦准在肃州(原文下注即嘉峪关)及吐鲁番两城设立领事,其余如科布多、乌里雅苏台、

---

① Photo by G. Mannerheim (Finland),1905. 参见厉声、许建英编写:《百年新疆》,新疆人民出版社 2006 年版。
② Photo by G. Mannerheim (Finland),1907. 参见厉声、许建英编写:《百年新疆》,新疆人民出版社 2006 年版。

图 3-37　1910 年前后的甘肃肃州（今酒泉）①

哈密、乌鲁木齐、古城五处，俟商务兴旺始由两国陆续商议添设。"②

2. 西藏

西藏自古以来就是中国的固有领土，自元代以来，元明清三代中央政府一直对西藏进行有效管辖。19 世纪后半叶以来，英属印度殖民当局就一直觊觎西藏，试图打开中国西藏的大门。1876 年《中英烟台条约》规定："现因英国酌议，约在明年派员，由中国京师启行，前往遍历甘肃、青海一带地方，或由内地四川等处入藏。"英国人因而获得进入西藏的权利，但因为西藏地方政府的抵制，该条款一直难以落实。

1888 年和 1903 年，英国先后两次发动对西藏的侵略战争，强加给中国西藏一系列不平等条约，攫取大量非法利益和特权，下文主要就其中关于通商口岸的内容进行介绍。

《中英会议藏印条约》（又称《中英藏印条约》），是 1890 年 3 月 17

---

① Stein M. A. *Ruins of Desert Cathay*, Vol. 2. Macmillan, 1912.
② In: *China Imperial Maritime Customs*, Ⅲ Miscellaneous Series, No. 30. Treaties, Conventions etc. between China and foreign states, Vol. 1. the Statistical Department of the Inspectorate General of Customs, 1908.

日清朝中央政府与英属印度就西藏事务在加尔各答签订的第一个不平等条约。该条约规定西藏开放通商,具体事宜另行商定。① 1893 年,中英再签订《中英会议藏印条款》(又称《藏印议订附约》《藏印续约》),作为《中英会议藏印条约》的附约。该条约规定开放西藏亚东为通商口岸:"藏内亚东订于光绪二十年三月二十六日开关通商,任听英国诸色商民前往贸易,由印度国家随意派员驻寓亚东,查看此处英商贸易事宜。"②(图 3-38、图 3-39)

图 3-38　英国建立的西藏亚东札邦拉驿站旧址③

---

① Sikkim Tibet Convention, 1890. In: *China Imperial Maritime Customs*, Ⅲ Miscellaneous Series, No. 30. Treaties, Conventions etc. between China and foreign states, Vol. 1. the Statistical Department of the Inspectorate General of Customs, 1908.
② Regulations Regarding Trade, Communication, and Pasturage to be Appended to the Sikkim Tibet Convention of 1890. In: *China Imperial Maritime Customs*, Ⅲ Miscellaneous Series, No. 30. Treaties, Conventions etc. between China and foreign states, Vol. 1. the Statistical Department of the Inspectorate General of Customs, 1908.
③ 焦自云、汪永平:《山水一线间的亚东驿站研究》,《西藏研究》2010 年第 2 期,第 83—88 页。

图 3-39　英国建立的西藏亚东邮政驿站旧址①

　　1903年,英国发动第二次对西藏的侵略战争。1904年,英国侵略者强迫西藏地方政府签订了非法的《拉萨条约》(又称《英藏条约》),规定"增设江孜、噶大克为商埠。英国有权派员驻各商埠"。西藏是中国的一部分,西藏地方政府没有对外缔结条约的权利,中国中央政府拒绝承认该条约。经交涉,中英两国于1906年签订《中英续订藏印条约》,规定将《拉萨条约》作为附约。由此,江孜、噶大克(今阿里地区噶尔县)正式成为通商口岸(图 3-40、图 3-41、图 3-42)。

---

① 焦自云、汪永平:《山水一线间的亚东驿站研究》,《西藏研究》2010年第2期,第83—88页。

第三章　通商口岸

图 3-40　20 世纪 20 年代西藏江孜的市场①

图 3-41　20 世纪 20 年代西藏江孜的射击比赛②

① Charles Bell，*The People of Tibet*，Clarendon Press，1928.
② 同上。

图 3-42　20 世纪初西藏噶大克附近的村庄①

不过,因为地处高原、自然地理条件严酷、人口稀少等,西藏亚东、江孜和噶大克三个通商口岸的规模和繁荣程度都远逊于沿海或内地其他通商口岸。亚东位于喜马拉雅山脉南麓,今属西藏日喀则市管辖。亚东在三个通商口岸中历来居于首要位置,设有商务海关,较为繁荣。江孜,位于雅鲁藏布江谷地,今属西藏日喀则市管辖,地位仅次于亚东,开埠之初设有海关,1910 年改为亚东海关下辖的分卡。噶大克又次之,该商埠位于今西藏阿里地区噶尔县狮泉河镇附近,居民仅有 50 户左右,且多居住在帐篷里,房屋很少。虽然英印当局还在噶大克驻有商务代办,但仅每年夏季有比较集中的商贸活动。②

3. 云南

云南深居内陆,19 世纪后半叶,英国和法国分别通过其控制的缅甸和越南等国向云南渗透,并最终通过一系列条约迫使清政府在云南开辟多处通商口岸。

---

① Sven Hedin, *Southern Tibet*, Vol. II. Lithographic Institute of the General Staff of the Swedish Army, 1917.
② 黄博:《噶大克的准望:清末民初学界之阿里地理知识讨论》,《中国藏学》2014 年第 2 期,第 91—98 页;房建昌:《英、印驻噶大克商务代办及国外探险西部西藏小史》,《西藏研究》2001 年第 3 期,第 104—110 页。

19世纪以来,英国一直试图打通云南和缅甸的交通。1874年,英国再次派出军队,勘查滇缅陆路交通线。1875年,英方翻译马嘉理在云南腾越地区与当地的少数民族发生冲突,马嘉理等数人被毙。这就是"马嘉理事件",或称"滇案"。

1876年,英国以此为借口,强迫清政府签订《中英烟台条约》,规定:"云南当局应与英国所派官员商订滇缅来往通商章程;自1877年起,以五年为限,英国派官员驻云南大理或其他相宜地方,察看通商情形;英国仍保留由印度派员赴云南之权。"

1885年,英国吞并缅甸,次年英国在《中英缅甸条款》中再次申明将对中缅界务、商务订立专章。不过,因为缅甸人民对英国殖民主义的反抗,所以云南通商事务延宕多年。

(1) 蒙自(含蛮耗、河口)

1885年,中法战争结束。6月9日,清政府与法国在天津签订《中法新约》,又称《越南条款》或《中法会订越南条约十款》。该条约第五款规定:"中国与(越南)北圻陆路交界,允准法国商人及法国保护之商人并中国商人运货进出。其贸易应限定若干处。"第六款又规定:"北圻与中国之云南、广西、广东各省陆路通商章程,应于此约画押后三个月内,两国派员会议,另定条款,附在本约之后。"法国取得在中国西南地区通商的特权。①

1887年6月26日,中法在北京签订《续议商务专条》,其中第二条规定:"两国指定通商处所广西则开龙州,云南则开蒙自。缘因蛮耗系保胜至蒙自水道必由之路,所以中国允开该处通商,与龙州、蒙自无异。又允法国任派在蒙自法国领事官属下一员,在蛮耗[今红河哈尼族彝族自治州蔓耗镇]驻扎。"

---

① 戴鞍钢:《近代中国西部内陆边疆通商口岸论析》,《复旦学报(社会科学版)》2005年第4期,第71—79页。

1895年6月21日,中法在北京签订《中法续议商务专条附章》9条,其中第二条规定:"法越与中国通商处所,广西则开龙州,云南则开蒙自。至蒙自往保胜水道,允开通商之一处,现议非在蛮耗,而改在河口。法国任派在河口驻有蒙自领事官属下一员,中国亦有海关一员在彼驻扎。"

由此原蛮耗分关改在河口,蛮耗则降为查卡。[1]

(2) 思茅

1895年《中法续议商务专条附章》规定:"云南之思茅开为法越通商处所,与龙州、蒙自无异,即照通商各口之例,法国任派领事官驻扎,中国亦驻有海关一员。"[2] 1897年1月2日,思茅设立海关正式开埠。

1897年2月4日,英国与清政府订立《中英续议缅甸条约附款》,定思茅为对英国开放口岸。由此,思茅成为对法越、英缅共同开放的口岸(图3-43、图3-44)。

图3-43　19世纪90年代云南思茅的市场[3]

---

[1] 张永帅:《近代云南的开埠与口岸贸易研究(1889—1937)》,复旦大学2011年博士学位论文。

[2] 同上。

[3] Henry Rodolph Davies, *Yun-nan, the Link between India and the Yangtze*, Cambridge University Press,1909,reprinted in 2010.

图 3-44　19 世纪 90 年代云南思茅的棉花集散地。棉花是当时最主要的进口物资之一①

（3）腾越（腾冲）

1894 年中英《续议滇缅界务商务条款》规定："凡货由缅甸入中国，或由中国赴缅甸，过边界之处，准其由蛮允、盏西两路行走。"中国在缅甸仰光可派驻领事官一员，英国则可在蛮允派领事官一员驻扎。

1897 年，英国和清政府签订《续议缅甸条约附款》，该条约允许英国"将驻蛮允之领事官，改驻或腾越或顺宁府，一任英国之便，择定一处"。1899 年，当英国政府派八莫海关税务司何柏生调查设领开埠地点时，便择定在腾越派领事官驻扎（图 3-45、图 3-46、图 3-47、图 3-48）。但后因中国北方爆发义和团运动，至 1901 年 12 月 13 日英国驻腾越领事烈敦与腾越海关税务司孟家美方自缅甸抵达腾越。经其与腾越厅同知兼腾越海关监督叶如同会商确定办公地点后，腾越于 1902 年 5 月 8 日正式设关开埠，正关设在腾越县城南门外六宝街。②

---

① Henry Rodolph Davies, *Yun-nan, the Link between India and the Yangtze*, Cambridge University Press, 1909, reprinted in 2010.
② 张永帅：《近代云南的开埠与口岸贸易研究（1889—1937）》，复旦大学 2011 年博士学位论文。

近代中外条约图志

图 3-45　1904 年前后云南腾越财神庙（1910 年腾越厅自治局在此设立）①

图 3-46　1924 年云南腾越远景②

---

① 北京大学图书馆编：《烟雨楼台——北京大学图书馆藏西籍中的清代建筑图像》，中国人民大学出版社 2008 年版。
② Photo by Rock, Joseph Francis Charles(1884-1962，American，Austrian，photographer)，1924.

第三章 通商口岸

图 3-47　19 世纪 90 年代云南腾越的街道①

图 3-48　云南腾冲英国领事馆旧址（费杰摄）

① Henry Rodolph Davies, *Yun-nan, the Link between India and the Yangtze*, Cambridge University Press, 1909, reprinted in 2010.

4. 东北地区

近代东北地区主要是对日俄开放。1905年9月5日,日俄签订《朴茨茅斯条约》,即《日俄和约》,从而正式结束了两国在中国东北进行的战争。该条约第五条规定:俄国政府以中国政府之允许,将旅顺口、大连湾并其附近领土领水之租权内一部分之一切权利及所让与者,转移予日本政府,俄国政府又将该租界疆域内所造一切公共营造物及财产,转移让予日本政府。

1905年12月中日签订《中日会议东三省事宜正约》,清政府承认日俄《朴茨茅斯条约》中给予日本的各项权利。此外,中国还要在东北地区自行开辟16处通商口岸。这16处通商口岸,是由条约约定"自开",既不等同于约开商埠,也不同于自开商埠。该条约相关规定如下:

"中国政府应允,俟日俄两国军队撤退后,从速将下开各地方中国自行开埠通商:

"奉天省内之凤凰城[今辽宁丹东凤城]、辽阳[今辽宁辽阳]、新民屯[今辽宁沈阳新民]、铁岭[今辽宁铁岭]、通江子[今辽宁鞍山境内]、法库门[今辽宁沈阳法库];吉林省内之长春(即宽城子)[今吉林长春]、吉林省城[今吉林吉林]、哈尔滨[今黑龙江哈尔滨]、宁古塔[今黑龙江牡丹江宁安]、珲春[今吉林延边珲春]、三姓[今黑龙江哈尔滨依兰];黑龙江省内之齐齐哈尔[今黑龙江齐齐哈尔]、海拉尔[今内蒙古呼伦贝尔]、瑷珲[今黑龙江黑河]、满洲里[今内蒙古呼伦贝尔满洲里]。"

由此,东北地区几乎全面向日本开放,日本得以通过各种手段全面深入了解东北,为全面侵略东北进行准备。下文关于东北地区各通商口岸的老照片来自一本由"满铁"情报科编著的介绍东北地区地理情况的图集——《满洲写真帖》(图3-49)。

第三章　通商口岸

a. 鞍山

b. 凤凰城

c. 哈尔滨

d. 吉林

e. 辽阳

f. 齐齐哈尔

g. 铁岭

第三章　通商口岸

长春驿

h. 长春-1

h. 长春-2

图 3-49　1905 年《中日会议东三省事宜正约》规定开放的通商口岸（部分）。照片拍摄于 1927 年前后①

---

① 南"满洲"铁道株式会社社长情报课：《满洲写真帖》，中日文化交流协会 1927 年版。

第四章 租 界

租界是近代中国政府租给外国侨民居住、贸易和管理的地区。[①]近代中国,主权横遭列强侵犯,被迫对外开放,曾经出现许多类型的供外国人居住、贸易,由外国人管理的特殊区域,名称也各异。兹分述如下。

狭义的租界都位于通商口岸,是列强用欺诈、胁迫的方法,在中国的通商口岸强行划定的。其定义如下:租界是鸦片战争后通商口岸出现的供外人居住、贸易的区域。其特点是外人篡夺了当地行政、司法等主权,当地主要由外国领事及外人选举的工部局或居留民团行使各种权利。

1842年,中国在鸦片战争中战败,被迫与英国签订《南京条约》,约定广州、福州、厦门、宁波、上海等五口通商。1843年中英又签订《五口通商附粘善后条款》,规定:"中华地方官必须与英国管事官各就地方民情,议定于何地方,用何房屋或基地,系准英人租赁;其租价必照五港口之现在所值高低为准,务求平允,华民不许勒索,英商不许强租。"这一规定为英国等列强在通商口岸巧取豪夺、强划租界埋下祸根。

[①] 袁继成:《近代中国租界史稿》,中国财政经济出版社1988年版。

第四章 租 界

近代中国的租界最早出现于上海。1845年,面对英国领事的威胁、欺诈,上海地方官员与之签订了《上海租地章程》,在上海划定英国居留地。随后法国、美国竞相效尤,也在上海建立居留地。1854年,英法美三国擅自公布《上海英法美租界租地章程》,在其居留地建立统治机构,把仅供居住、贸易的居留地非法占据,改造成为"国中之国"的租界。1862年,法国与英美内讧,自立上海法租界,1863年,英美两国成立英美公共租界。以后数十年间,上海租界不断扩张,多有嬗变(图4-1、图4-2)。除上海租界外,福州、厦门、广州等通商口岸也陆续建立起租界(图4-3、图4-4、图4-5)。19世纪末,清政府的主权意识逐渐增强,虽被迫在一些地方设立了租界,但对列强的无理要求也进行了抵制,或多或少捍卫了部分主权。

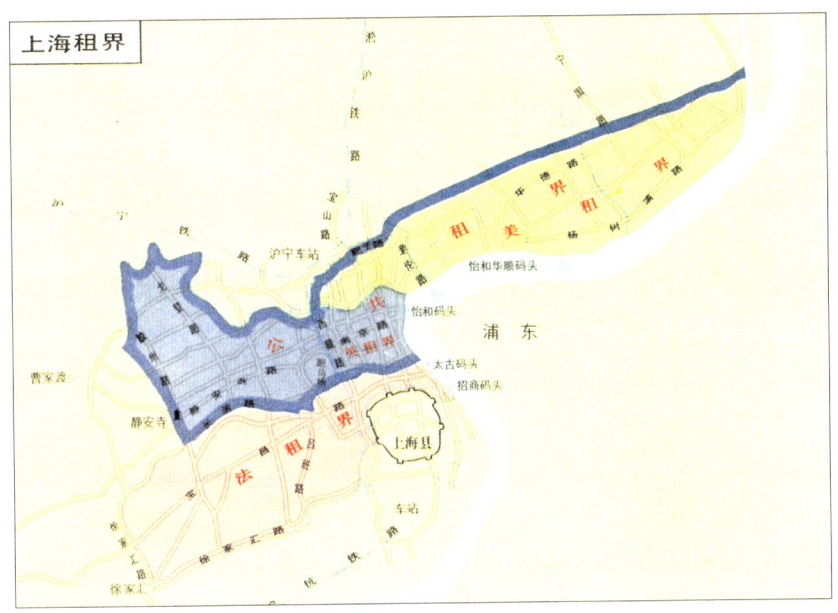

图4-1　上海租界示意图①

---

① 张海鹏编著:《中国近代史稿地图集》,地图出版社1987年版。

图 4-2　19 世纪末至 20 世纪初的上海租界（外滩附近）①

图 4-3　福州法国领事馆②

---

① Edward Bangs, *Edward Bangs Drew Photograph Collection*, ca. 1835 – 1935, bund between 1880 and 1905.
② Photo by Edward Bangs(1843 – 1924, American).

第四章 租 界

图 4-4　厦门鼓浪屿公共租界①

图 4-5　广州沙面岛英租界中央大道②

① 伍联德主编:《老照片·中华景象》,南京出版社2015年版。
② Shameen [Island], Central Avenue from the West, British Concession, Canton. Photograph album compiled by Anna D. Canton, Aug. 24, 1893, photo by Anna Davis(1851-1932, American).

第二次鸦片战争,中国再度战败,被迫于1858年和1860年相继签订《天津条约》和《北京条约》等一系列不平等条约,按约定在沿海、沿江地区开放一批通商口岸。英、法、美等国随即在广州、天津、镇江、九江、汉口和烟台等地设立租界。下文以九江为例作介绍。

九江开埠通商始自《天津条约》。1858年6月签订的《天津条约》约定开放镇江,以及汉口至海其他三口为通商口岸,1860年12月1日英使照会清廷:"欲先赴汉口、九江两处通商。"

九江英租界的设立始于1861年3月25日,英国参赞巴夏礼与清朝江西等处承宣布政使司张集馨订立《九江租地约》。① 双方议定,划九江府城西门外龙开河以东、长江与甘棠湖之间的狭窄地段为英租界,占地150亩(1亩约合666.67平方米)。

开埠和开辟英租界后不久,作为江西省唯一的通商口岸,九江很快成为江西省新的商业贸易文化中心(图4-6、图4-7、图4-8、图4-9、图4-10)。②

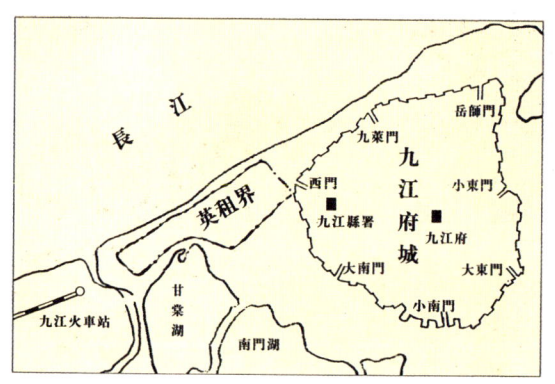

图4-6 九江英租界示意图③

---

① 闻斯:《九江英租界的设立与收回》,《列强在中国的租界》编辑委员会编:《列强在中国的租界》,中国文史出版社1992年版,第350—360页。
② 陈明远:《百年租界的数目、面积和起讫日期》,《社会科学论坛》2013年第6期,第33—53、61页。
③ 上海市历史博物馆等编:《中国的租界》,上海古籍出版社2004年版。

第四章　租　界

图 4-7　1913 年的九江英租界①

图 4-8　九江英国领事馆②

① 上海市历史博物馆等编:《中国的租界》,上海古籍出版社 2004 年版。
② 同上。

图 4-9　九江英租界江岸①

图 4-10　九江南伟烈大学②

首次规定于通商口岸设立租界的条约是 1876 年 9 月清政府与英国在烟台签订的《中英烟台条约》。此前的《南京条约》《天津条约》和《北京条约》其实都没有这方面的规定。《中英烟台条约》第三款规定：

---

① 上海市历史博物馆等编：《中国的租界》，上海古籍出版社 2004 年版。
② Bain News Service, between ca. 1910 and ca. 1915.

"随由中国议准在于湖北宜昌、安徽芜湖、浙江温州、广东北海四处添开通商口岸,作为领事官驻扎处所……新旧各口岸,除已定有各国租界,应无庸议,其租界未定各处,应由英国领事官会商各国领事官,与地方官商议,将洋人居住处所画定界址。"

下文以安徽芜湖为例说明。1876 年《中英烟台条约》规定安徽芜湖开埠通商和设立租界。不过,因为《中英烟台条约》部分条款遭到其他列强和英印殖民当局反对,所以该条约直到 1886 年才得到英国批准,而设立芜湖租界一事,又因为与芜湖民众产生纠纷,所以延宕至 1904 年才达成《芜湖各国公共租界章程》。① 不过,由于清政府的努力,在芜湖公共租界(也称公共通商场),中国地方政府仍掌握大部分的行政管辖权,因而不同于其他租界,它有时不被归为租界,而称为"通商场"(图 4-11、图 4-12、图 4-13)。②

图 4-11 芜湖街市图(左上角为芜湖租界)③

---

① 谢青、罗超:《芜湖租界史事考实》,《安徽师大学报(哲学社会科学版)》1988 年第 1 期,第 115—119 页。
② 费成康:《有关旧中国租界数量等问题的一些研究》,《社会科学》1988 年第 9 期,第 64—67 页。
③ 潭廉、陈镐基:《开明本国地图》,开明书店 1934 年版。

图 4-12　芜湖的江岸①

图 4-13　芜湖的码头②

19世纪末,清政府的主权意识逐渐觉醒,在设立租界时都会进行外交努力,尽量减少主权流失。比如,1895年中日《马关条约》签订后,日本图谋在苏州、杭州、沙市、汉口、重庆、上海设立日租界。经过清政

---

① [日]金丸健二摄影:《老照片·长江旧影(1920)》,南京出版社2014年版。
② 同上。

府外交努力,上海日租界并未设立,但是其他各日租界被迫设立(图 4-14、图 4-15)。①

图 4-14　上海虹口日本人聚居区（并未设立日租界）②

图 4-15　杭州日租界③

---

① 李少军:《甲午战争后六年间长江流域通商口岸日租界设立问题述论》,《近代史研究》2016 年第 1 期,第 4—29、160 页。
② Public Garden; and Hongkew (Shanghai) beyond. View down river, Date: 1886.
③《亚细亚大观》第 14 辑第 2 回(总第 548 回),亚细亚写真大观社 1942 年版。

下文以重庆为例进行详细说明。重庆王家沱日租界，是近代重庆唯一的租界。1895年《马关条约》第六款约定："应准添设下开各处，立为通商口岸……湖北省荆州府沙市、四川省重庆府、江苏省苏州府、浙江省杭州府。"

1896年日本派员到重庆勘办通商界址，意欲取得地段作为日本租界。经过谈判，1896年10月，中日签订《关于日本租界议定书》及《中日通商公立文凭》，约定"添设通商口岸，专为日本商民妥定租界"。1901年，中日又签订《重庆日本商民专界约书》，明定在"重庆府城朝天门外南岸王家沱设立日本专管租界"，并约定租期为30年。[①]

《重庆日本商民专界约书》约定：租界内警察之权，管辖道路之权，及其余界内一切施政事宜，悉归日本领事馆管理。

重庆王家沱日租界的设立，严重侵犯中国主权，并成为日本对西南地区掠夺、侵略的基地（图4-16、图4-17、图4-18）。日本军舰还在此游弋，甚至在此驻扎海军（图4-19）。

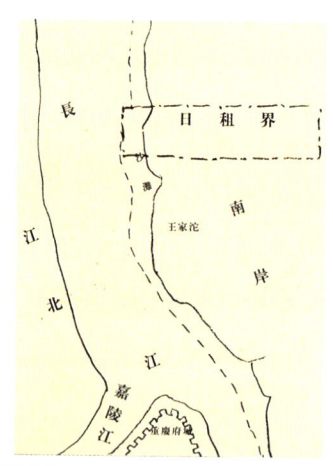

图4-16 重庆日本租界位置示意图[②]

[①] 黄淑君、王世祥：《重庆王家沱日本租界始末》，《西南师范大学学报（人文社会科学版）》，1989年第3期，第112—122页；艾新全：《重庆日本租界》，《列强在中国的租界》编辑委员会编：《列强在中国的租界》，中国文史出版社1992年版。

[②] 上海市历史博物馆等编：《中国的租界》，上海古籍出版社2004年版。

第四章　租　界

图 4-17　重庆王家沱日本租界①

图 4-18　重庆日本领事馆②

图 4-19　重庆日本帝国炮舰海员俱乐部③

① 上海市历史博物馆等编:《中国的租界》,上海古籍出版社 2004 年版。
② 同上。
③ 同上。

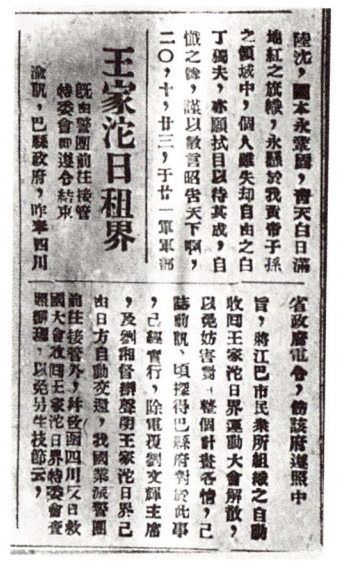

图 4-20 1931年四川省政府收回王家沱日租界①

重庆人民为收回王家沱日租界进行了长期的斗争。1931年9月,九一八事变激起全国人民抗日怒潮,同月,王家沱租界期满。四川民众和地方政府都强烈要求收回租界。1931年10月22日,日本侨民在驻重庆领事带领下离渝返日。10月24日,四川地方军警接管王家沱租界(图4-20)。1932年《淞沪停战协定》签订后,国民政府同意日本侨民继续租借王家沱地区,直至1937年抗战全面爆发,地方当局再次接收王家沱租界。②

除通商口岸的租界外,还有一类"租借地",在订立条约时也称租界,现在则称"租借地",以便区别于设在通商口岸的租界。这是列强通过不平等条约从中国租借的领土,列强在租期内行使属地管理权,将其作为帝国主义侵略中国的基地。租借地的最高长官由租借国政府直接任命,中国居民受外国租借当局的司法管辖,列强据有租借地既不需要支付租金,也无须缴纳任何税金。1898年列强争相瓜分中国,掀起在中国强占租借地的狂潮。列强共在中国强占租借地五处,第一处是德国强租的胶州湾,此外还有俄国和日本强租的旅大、法国强租的广州湾、英国强租的威海卫和香港新界等。

---

① 上海市历史博物馆等编:《中国的租界》,上海古籍出版社2004年版。
② 艾新全:《重庆日本租界》,《列强在中国的租界》编辑委员会编:《列强在中国的租界》,中国文史出版社1992年版。

第四章　租　界

　　1898年3月,德国迫使清政府签订《胶澳租界条约》,强租山东胶州湾,租期99年。此条约首开列强在华设立租借地的恶例,俄、英、法等竞相效尤。同月,俄国迫使清政府签订《旅大租地条约》,强租辽宁旅顺、大连地区,租期25年,后转让给日本。同年6月,英国迫使清政府签订《展拓香港界址专条》,强租今香港新界地区,租期99年。7月,英国又迫使清政府签订《订租威海卫专条》,强租山东威海卫,租期25年。次年11月,法国迫使清政府签订《广州湾租界条约》,强租广东湛江广州湾地区,租期99年。(图4-21、图4-22、图4-23、图4-24、图4-25)

图4-21　《在中国,各国帝王们的蛋糕》①

① 《在中国,各国帝王们的蛋糕》,《小日报》1898年1月16日。参见李红利、赵丽莎编译:《遗失在西方的中国史:法国〈小日报〉记录的晚清1891—1911》,北京时代华文书局2015年版。

图 4-22　胶州湾租借地,青岛的街道①

图 4-23　威海卫租借地,1898 年英国举行威海卫占领仪式②

① Archived in Staatsbibliothek zu Berlin.
② 曾讲来主编:《崩溃的帝国——明信片中的晚清》,北京大学出版社 2014 年版。

第四章 租　界

图 4-24　广州湾租借地（今广东湛江）①

图 4-25　香港新界②

① lesalbumdecartespostales illustrees des coloniee praotectorats tfrrittoires sous mandate francais edites par la maison dart colonial.
② Farmers building a haystack near a clan hall, New Territories, Hong Kong. Photo by Morrison, Hedda(1908-1991, German),1946-1947.

下文以旅顺租借地为例进行说明。近代以来,俄国、日本就一直觊觎中国东北辽东半岛地区。早在1895年,中日甲午战争以中国惨败告终,《马关条约》规定中国割让辽东半岛给日本。俄国不愿看到日本占据辽东,遂联合法德两国干涉,最终日本与清政府签订《中日辽南条约》,辽东半岛被清政府以3000万两白银赎回。(图4-26、图4-27)

图4-26 日军占领旅顺,肆意屠杀中国军民①

可悲的是,清政府重金赎回辽东半岛后仅三年,辽东半岛就成为俄国租借地。1898年,俄国胁迫清政府签订《旅大租地条约》和《续订旅大租地条约》,强租辽东半岛南部的旅顺、大连地区,租期25年,期满后经双方同意可以延长期限。俄国擅自将旅大租借地划为俄国的一个州,称为"关东州",在旅大推行殖民统治,旅顺则被建成其太平洋舰队的基地。

---

① 万国报馆编著:《甲午:120年前的西方媒体观察》,生活·读书·新知三联书店2014年版。

第四章 租 界

图 4-27　俄法德三国干涉，迫使日本同意中国赎回辽东半岛①

1904 年，日俄战争在中国东北爆发，俄国战败。1905 年，俄国同日本在美国签订《朴茨茅斯和约》，竟然私相授受，将中国领土旅大租借地"转让"给日本。同年，中国清政府同日本签订《中日会议东三省事宜正约》，被迫吞下《朴茨茅斯和约》的苦果。

贪得无厌的日本于 1915 年提出要使中国变成其独占殖民地的"二十一条"，其中提出"扩大在南满、东蒙的各种利权"。中国北洋政府

---

① 曾讲来主编：《崩溃的帝国——明信片中的晚清》，北京大学出版社 2014 年版。

137

经过讨价还价,最终被迫签订《中日民四条约》,该条约的组成部分——《关于南满洲及东部内蒙古之条约》①,规定"将旅顺、大连租借期限并南满洲及安奉两铁路之期限均展至九十九年为期"。

日本也在旅大设立"关东州",推行全面的殖民统治,并在大连设立南"满洲"铁道株式会社等侵华机构,旅大成为日本策动进一步侵略东北乃至全中国的重要基地。下面这组图片大都来自日本在旅大地区所设的统治机构——关东厅编纂的地情出版物《关东厅厅势一斑》②(图4-28、图4-29、图4-30、图4-31)。

图 4-28 20世纪30年代的大连港全景③

---

① Treaty Respecting South Manchuria and Eastern Inner Mongolia,1915. 参见海关总署《中外旧约章大全》编纂委员会编:《中外旧约章大全(1903—1919)》,中国海关出版社2007年版。
② 关东厅长官官房文书课编纂:《关东厅厅势一斑》,关东厅长官官房文书课1930年版。
③ 松村源吉编:《全满洲名胜写真贴》,松村好文堂1937年版。

第四章 租 界

图4-29 1930年前后的大连港远景①

图4-30 1930年前后的大连神社②

---

① 关东厅长官官房文书课编纂:《关东厅厅势一斑》,关东厅长官官房文书课1930年版。
② 同上。

图 4-31　1930 年前后的旅顺日本桥①

近代中国,由于列强侵略,被迫在某些地区放弃部分主权,这些地区除上述通商口岸的租界和租借地外,还有很多类型,包括"避暑地",北京东交民巷使馆界,东北"南满"铁路附属地,中东铁路附属地,西北塔城、伊犁、喀什噶尔等地被俄国强占的"贸易圈",东北地区营口、安东(丹东)、奉天(沈阳)等地被日本强占的"新市街"以及受英国"保护"的舟山等特殊地区。这些特殊地区与租界、租借地略有不同,但中国的国家主权受到不同程度的侵犯。兹举例分述如下。

1. 庐山牯岭避暑地

所谓"避暑地",包括江西庐山牯岭、浙江莫干山、河南鸡公山和河北北戴河等,都形成于 19 世纪末。避暑地不同于租界、租借地,中国主权受侵犯的程度较低。下文以庐山为例说明。

1858 年 6 月签订的《天津条约》约定九江开埠通商。九江开埠后,由于九江和长江流域夏季炎热,为使来华西方人能躲避长江流域炎热的夏天,1894 年英国传教士李德立发现了九江南郊庐山牯岭(原名长冲)这一避暑胜地。1895 年 11 月 29 日,英国驻九江代领事与江西地

---

① 关东厅长官官房文书课编纂:《关东厅厅势一斑》,关东厅长官官房文书课 1930 年版。

方官员签署《牯牛岭案件解决协议条款》(Terms of Agreement for Settlement of the Ku Niu Ling Case),简称"牯岭十二条"。按此协议,德化县将长冲"租与李德立建屋避暑,每年出租钱十二千文,并由公家赔偿英洋四千一百十五元"。租期原为99年,后竟改为999年。①

1899年,牯岭避暑地组成市政议会,成为牯岭的最高议决机关,订有类似租界土地章程的"基本法"——《牯岭避暑地约法》;1904年组成相当于租界工部局的行政领导机构——牯岭避暑地董事会,另外还设立巡捕,维持避暑地治安。② 牯岭避暑地成了类似租界的"国中之国"。

1927年,在北伐战争胜利的影响下,汉口、九江人民先后收回英租界。8月,牯岭警察行政权被中国政府收回。1935年,中英双方达成《牯岭产业地交还江西省政府协定》,中方正式收回庐山牯岭(图4-32、图4-33)。③

图4-32 20世纪30年代的庐山牯岭④

---

① 冯铁宏:《庐山早期开发及相关建筑活动研究(1895—1935)》,清华大学2004年硕士学位论文。
② 陈朝晖:《论近代庐山牯岭避暑地:一个殖民主义空间的生成》,《贵州社会科学》2015年第2期,第89—94页。
③ 彭龙珠:《"夏都"庐山"租借"记》,《中国档案》1997年第5期,第40页。
④ 资料来源:庐山博物馆。参见冯铁宏:《庐山早期开发及相关建筑活动研究(1895—1935)》,清华大学2004年硕士学位论文。

图 4-33　20 世纪 30 年代的庐山图书馆①

2. 北京东交民巷使馆界

北京东交民巷使馆界,位于北京城内。1901 年,英、法、俄、美、德、意、奥、日、比、荷、西等国强迫清政府签订《辛丑条约》,规定:"大清国国家允定各使馆境界以为专与住用之处,并独由使馆管理。中国民人概不准在界内居住……中国国家应允诸国分应自主,常留兵队分保使馆。"东交民巷使馆界,成为列强公开和秘密干涉中国内政的场所,成为列强策划侵略中国的据点(图 4-34、图 4-35)。

图 4-34　北京东交民巷使馆界②

---

① 徐珂编纂:《庐山指南》,商务印书馆 1937 年增订版。
② 北京大学图书馆编:《烟雨楼台——北京大学图书馆藏西籍中的清代建筑图像》,中国人民大学出版社 2008 年版。

图 4-35　北京东交民巷使馆界的外国驻军①

抗日战争和第二次世界大战爆发后,中国于1941年12月对日、德、意宣战,声明废止与其签订的一切条约。1943年,中国又与美、英等反法西斯战争的同盟国陆续签订新约,规定中国收回北京(北平)使馆界。但事实上,当时北平被日本侵占,中国政府根本无法收回。直到抗战胜利,国民政府于1945年11月公布《接收租界及北平使馆界办法》,东交民巷使馆界才真正收回。

3. 舟山

舟山位于长江口南侧近海,是一座天然良港。鉴于舟山得天独厚的地理位置和港口条件,英国人长期觊觎舟山。英国发动鸦片战争的一个重要原因就是图谋侵占舟山。鸦片战争爆发,英军于1840年7月侵占舟山,后因为瘟疫流行,于1841年2月撤离。1841年10月,舟山再次被侵占。(图4-36、图4-37)直到1846年4月,中英签订《退还舟山条约》,英国才有条件地归还舟山(图4-38)。②

---

① 北京大学图书馆编:《烟雨楼台——北京大学图书馆藏西籍中的清代建筑图像》,中国人民大学出版社2008年版。
② Christopher Munn,"The Chusan Episode: Britain's Occupation of a Chinese Island, 1840-46", *The Journal of Imperial and Commonwealth History*, 82-112. Liam D'Arcy-Brown, *Chusan: The Opium Wars & The Forgotten Story of Britain's First Chinese Island*, Takeaway (Publishing house), 2012.

图 4-36　1840 年 7 月，英军第一次侵占舟山①

图 4-37　1841 年 10 月，英军第二次侵占舟山②

---

① Anonymous, 1841a. First taking of Chusan, Sunday July 5 1840. Annotated. Archived in the Royal Museums Greenwich. See also: Europeana Collections.
② Anonymous, 1841b. Second Taking of Chusan, China, Oct 1 1841. Annotated. Archived in the Royal Museums Greenwich.

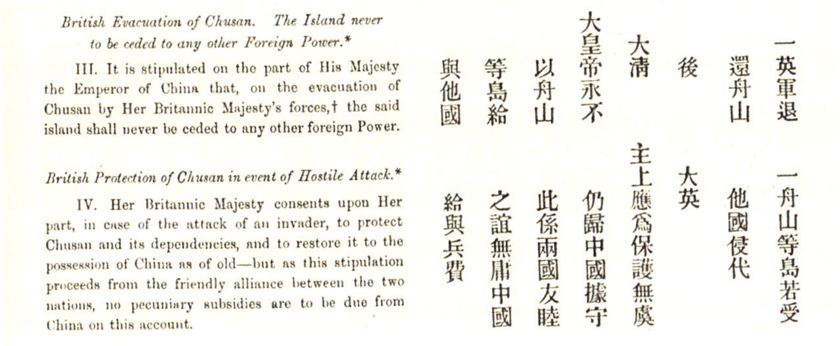

第四章　租　界

> British Evacuation of Chusan. The Island never to be ceded to any other Foreign Power.*
> III. It is stipulated on the part of His Majesty the Emperor of China that, on the evacuation of Chusan by Her Britannic Majesty's forces, the said island shall never be ceded to any other foreign Power.
>
> British Protection of Chusan in event of Hostile Attack.*
> IV. Her Britannic Majesty consents upon Her part, in case of the attack of an invader, to protect Chusan and its dependencies, and to restore it to the possession of China as of old—but as this stipulation proceeds from the friendly alliance between the two nations, no pecuniary subsidies are to be due from China on this account.

> 一英軍退還舟山　一舟山等島若受他國侵代
> 後　大英主上應為保護無虞仍歸中國據守
> 大清大皇帝永不以舟山等島給與他國
> 此係兩國友睦之誼無庸中國給與兵費

图 4-38　1846 年中英《退还舟山条约》关于舟山接受英国"保护"的条款①

　　1842 年中英《南京条约》规定："惟有定海县之舟山海岛,厦门厅之鼓浪屿小岛,仍归英兵暂为驻守;迨及所议洋银全数交清,而前议各海口均已开辟俾英人通商后,即将驻守二处军士退出,不复占据。"英国本应依据《南京条约》,在其要求达成后无条件归还舟山,却又于 1846 年签订《退还舟山条约》方才归还。英国虽然放弃侵占舟山,却规定"大清大皇帝永不以舟山等岛给与他国","舟山等岛若受他国侵代,大英主上应为保护无虞,仍归中国据守"。这使得舟山接受英国"保护",首开帝国主义在中国划设势力范围的恶例。19 世纪 60 年代,德国地理学家李希霍芬来华游历后,向德国政府强烈建议占领舟山,但因为英国的压力只能作罢,最后把目标转向胶州湾。②

---

① Convention between Great Britain and China relative to the admission of foreigners into the city of Canton and to the evacuation of the Island of Chusan by the British forces, 1846. In: *China Imperial Maritime Customs*, Ⅲ Miscellaneous Series, No. 30. Treaties, Conventions etc. between China and foreign states, Vol. 1. the Statistical Department of the Inspectorate General of Customs, 1908. Archived in the Digitalisierte Sammlungen der Staatsbibliothek zu Berlin.
② 郭双林、董习:《李希霍芬与〈李希霍芬男爵书信集〉》,《史学月刊》2009 年第 11 期,第 52—60 页。

第五章　鸦片贸易与条约

清代初年,中国开厦门、宁波、云台山和广州四口与国外进行商贸,但与西方国家商业贸易的过程中,摩擦渐多。为了减少商贸活动引起的摩擦争端,1757年乾隆皇帝关闭三口,仅余广州一口,以亦官亦商的公行即广州十三行为主进行对外贸易(图5-1、图5-2)。清朝政府对出口商品的数量、种类进行限定,而对于外商在华的活动亦加以限制。

图5-1　19世纪30年代的广州十三行①

---

① [美]李士风著、译:《晚清华洋录:美国传教士、满大人和李家的故事》,上海人民出版社2004年版。

图 5-2 十三行行商①

在正常贸易的过程中,中国一直占据出超地位,茶、丝、大黄等一直拥有广阔的国际市场,而与之相反的是,英国出口的毛纺织品却无法在中国自给自足的小农社会中流通,销售不畅。为了逆转这样的贸易差额,英国选择了鸦片作为主要贸易商品。外国烟商通过非法渠道大肆向中国运烟(图 5-3)。沿海地区成了鸦片贸易与吸食的重灾区。鸦片泛滥,造成百姓、军队和官员体质下降甚至丧失劳动力,以及白银大量外流等一系列问题,因此清政府开始着手禁烟。1838 年 11 月 9 日,道光皇帝下谕旨严禁鸦片,12 月 31 日道光帝任命林则徐为钦差大臣,节制两广水师,赴广东禁烟。1839 年 3 月,林则徐下令封闭烟馆,终止一切对外商贸,迫使义律缴烟,6 月 3 日将鸦片集中于虎门海滩,全部销毁,史称"虎门销烟"(图 5-4)。这极大地打击了英国在中国的非法利益。

---

① Three paintings of the Chinese hong merchants (details),Left:Howqua, by George Chinnery, 1830, Middle: Mowqua, by Lam Qua, 1840s, Right: Tenqua, by Lam Qua, ca. 1840s,Peabody Essex Museum[cwPT_1830_howqua_chinnery],[cwPT_1840s_ct79_Mouqua],[cwPT_1840s_ct78_Tenqua] from Perdue,C. Peter,The First Opium War,The Anglo-Chinese War of 1839-1842(刊载于麻省理工大学网站,https://ocw. mit. edu/ans7870/21f/21f. 027/opium_wars_01/index. htmll)。

近代中外条约图志

图 5-3　1824年广东伶仃洋上走私鸦片的船舶①

图 5-4　1839年林则徐虎门销烟②

① The Opium ships at Lintin in China, 1824, from a painting in the possesion of John Gover Esqre. London, Royal Museums Greenwich.
② [美]李士风著、译:《晚清华洋录:美国传教士、满大人和李家的故事》,上海人民出版社2004年版。

第五章 鸦片贸易与条约

1840年英国发动鸦片战争的直接目的就是维护非法的鸦片贸易。1842年鸦片战争中国战败，《南京条约》签订过程中，英国就图谋实现鸦片贸易合法化，受到中国抵制。但是，中国需赔偿鸦片战争前虎门销烟造成的英国鸦片走私商的非法损失。《南京条约》第四条规定："以洋银六百万元偿补原价。"（图5-5）①

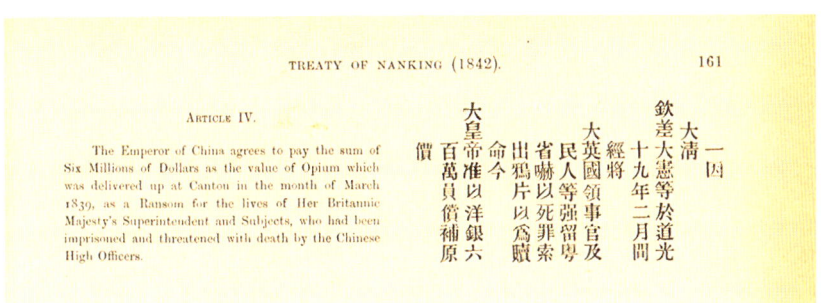

图5-5 中英《南京条约》关于鸦片的条款

1857年，英法联合发动第二次鸦片战争，中国再度战败，再无招架之功，被迫在《天津条约》补充条款，即《通商章程善后条约》中同意鸦片贸易合法化（图5-6）。中英《天津条约》补充条款将鸦片改称"洋药"，但英文版仍称"Opium"，并规定："向来洋药……皆不准通商，现定稍宽其禁，听商遵行纳税贸易，洋药准其进口，议定每百斤纳税银三十两。"②

---

① Treaty of Nanking，1842. In：*China Imperial Maritime Customs*，Ⅲ Miscellaneous Series，No. 30. Treaties, Conventions etc. between China and foreign states，Vol. 1. the Statistical Department of the Inspectorate General of Customs，1908.

② Agreement containing rules of trade，made in pursuance of article XXVI of the treaty of 26th June 1858. In：*China Imperial Maritime Customs*，Ⅲ Miscellaneous Series，No. 30. Treaties, Conventions etc. between China and foreign states，Vol. 1. the Statistical Department of the Inspectorate General of Customs，1908.

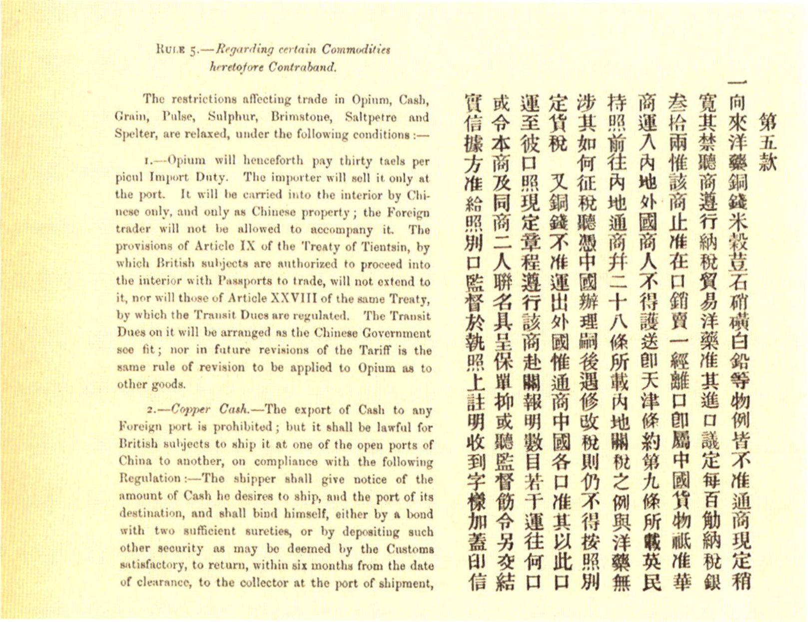

Rule 5.—*Regarding certain Commodities heretofore Contraband.*

The restrictions affecting trade in Opium, Cash, Grain, Pulse, Sulphur, Brimstone, Saltpetre and Spelter, are relaxed, under the following conditions:—

1.—Opium will henceforth pay thirty taels per picul Import Duty. The importer will sell it only at the port. It will be carried into the interior by Chinese only, and only as Chinese property; the Foreign trader will not be allowed to accompany it. The provisions of Article IX of the Treaty of Tientsin, by which British subjects are authorized to proceed into the interior with Passports to trade, will not extend to it, nor will those of Article XXVIII of the same Treaty, by which the Transit Dues are regulated. The Transit Dues on it will be arranged as the Chinese Government see fit; nor in future revisions of the Tariff is the same rule of revision to be applied to Opium as to other goods.

2.—*Copper Cash.*—The export of Cash to any Foreign port is prohibited; but it shall be lawful for British subjects to ship it at one of the open ports of China to another, on compliance with the following Regulation:—The shipper shall give notice of the amount of Cash he desires to ship, and the port of its destination, and shall bind himself, either by a bond with two sufficient sureties, or by depositing such other security as may be deemed by the Customs satisfactory, to return, within six months from the date of clearance, to the collector at the port of shipment,

第五款

一向來洋藥銅錢米穀荳石硝磺白鉛等物例皆不准通商現定稍寬其禁聽商遵行納稅貿易洋藥准其進口議定每百觔納稅銀叁拾兩惟該商止准在口銷賣一經離口卽屬中國貨物祇准華商運入內地外國商人不得護送卽天津條約第九條所載英民持照前往內地通商幷二十八條所載內地關稅之例與洋藥無涉其如何征稅聽憑中國辦理嗣後遇修改稅則仍不得按照別定貨稅　又銅錢不准運出外國惟通商中國各口准其以此口運至彼口照現定章程遵行該商赴關報明數目若干運往何口或令本商及同商二人聯名具呈保單抑或聽監督飭令另交結實信據方准給照別口監督於執照上註明收到字樣加蓋印信

图 5-6　中英《天津条约》补充条款将鸦片贸易合法化

与此同时，中法《天津条约》的补充条款《通商章程善后条约》也规定了鸦片贸易合法化，条约相关原文与中英《天津条约》补充条款基本一致。[①] 中英、中法《天津条约》签订后，其他国家竞相效尤，例如：1865年中国与比利时签订的《北京条约》(《比国通商条约税则章程》)规定了鸦片贸易合法化，“洋药准其进口，议定每百斤纳税银三十两”。1866年，中国与意大利签订的《通商各口进出口货物新定税则》也作了同样的规定。

① Treaty of Tientsin, 1858, Réglements Commerciaux. In: *China Imperial Maritime Customs*, Ⅲ Miscellaneous Series, No. 30. Treaties, Conventions etc. between China and foreign states, Vol. 1. the Statistical Department of the Inspectorate General of Customs, 1908.

鸦片贸易合法化使得吸食鸦片在中国社会更加普遍(图5-7、图5-8),危害国民体质,而且鸦片在中国大量种植,使得粮食安全和农业经济受到很大影响,抵御自然灾害的能力下降。例如,1877—1878年中国北方地区出现严重旱灾,造成严重饥荒,史称"丁戊奇荒",因灾死亡1000余万人。死亡人数之多历史罕见,其中鸦片大量种植、粮食作物种植减少是重要原因。①

图5-7　1870年前后广州街头的鸦片销售店铺②

---

① 夏明方:《也谈"丁戊奇荒"》,《清史研究》1992年第4期,第83—91页。
② [美]李士风著、译:《晚清华洋录:美国传教士、满大人和李家的故事》,上海人民出版社2004年版。

图 5-8　1874年上海吸食鸦片的烟民①

经过长期艰苦的外交交涉,1885年中英两国签署《中英烟台条约续增专条》,就大幅提高鸦片进口税达成一致(图5-9),即:"每百斤箱向海关完纳正税三十两,并纳厘金不过八十两。"②1902年,中英双方又在《中英商约》再度对此进行了确认:"洋药现在并征之税厘,仍照现行各约章所载办理,以后应将该厘金作为加税。"③

---

① Adolf Erazmovich Boiarskii, 1874. Opium-Smokers. Shanghai, China, 1874. Archived in the National Library of Brazil. See also: World Digital Library.
② Additional article to the agreement between Great Britain and China signed at Chefoo on the 13th September 1876. In: China Imperial Maritime Customs, Ⅲ Miscellaneous Series, No. 30. Treaties, Conventions etc. between China and foreign states, Vol. 1. the Statistical Department of the Inspectorate General of Customs, 1908.
③ Commercial Treaty, 1902. In: China Imperial Maritime Customs, Ⅲ Miscellaneous Series, No. 30. Treaties, Conventions etc. between China and foreign states, Vol. 1. the Statistical Department of the Inspectorate General of Customs, 1908.

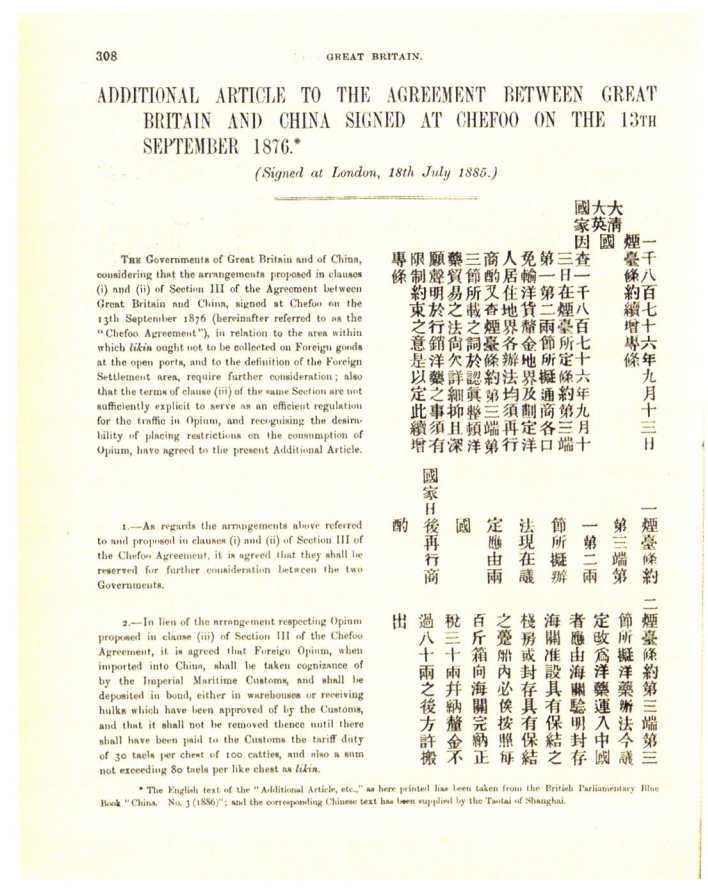

图 5-9 1885年《中英烟台条约续增专条》关于鸦片的条款

1907年,中英终于就禁止鸦片贸易问题达成《中英十年禁烟条约》,1911年缔结《中英禁烟条件》,中国在禁烟问题上取得重大外交突破。

与英国不同,美国、瑞典挪威等国反对鸦片贸易,早在1844年《望厦条约》即禁止鸦片走私(图5-10)。

1880年《中美另立条款》进一步明令禁止贩卖鸦片,原文如下:"中国与美国彼此商定,中国商民不准贩运洋药入美国通商口岸,美国商民亦不准贩运洋药入中国通商口岸,并由此口运往彼口,亦不准做一切买

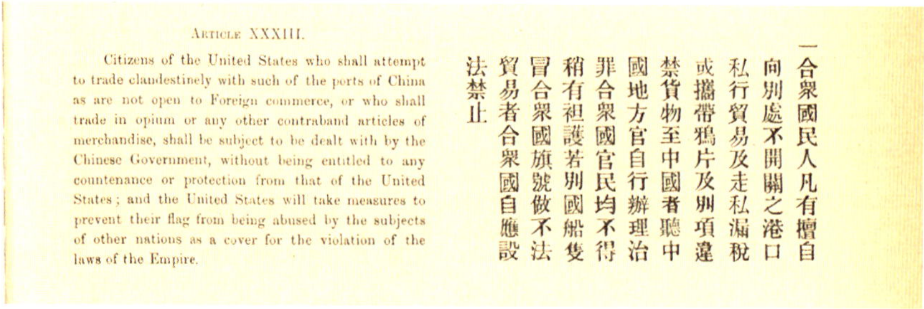

ARTICLE XXXIII.

Citizens of the United States who shall attempt to trade clandestinely with such of the ports of China as are not open to Foreign commerce, or who shall trade in opium or any other contraband articles of merchandise, shall be subject to be dealt with by the Chinese Government, without being entitled to any countenance or protection from that of the United States; and the United States will take measures to prevent their flag from being abused by the subjects of other nations as a cover for the violation of the laws of the Empire.

一合衆國民人凡有擅自向別處不開關之港口私行貿易及走私漏稅或攜帶鴉片及別項違禁貨物至中國者聽中國地方官自行辦理治罪合衆國官民均不得稍有袒護若別國船隻冒合衆國旗號做不法貿易者合衆國自應設法禁止

图 5-10 中美《望厦条约》禁止鸦片走私的条款①

卖洋药之贸易。”②

1847 年中国与瑞典挪威签订的《广州条约》也禁止走私鸦片，具体条款与《望厦条约》基本一致。1886 年中法《天津协定》也禁止中越边境的鸦片贸易。该协定第十四款规定：“（中法）两国议明，洋药土药均不准由北圻（指越南北部）与云南广东广西之陆路边界贩运买卖。”

美国等国在禁止鸦片问题上的积极态度，对近代中国推动禁止鸦片的进程有非常正面的作用。1909 年，由美国发起、中国政府在上海举办“万国禁烟会”，就加大谴责鸦片贸易取得共识。其后，中国的禁毒外交不断取得进展，中国作为缔约国相继加入 1912 年海牙

① Treaty of Wang-hea, 1844. In: *China Imperial Maritime Customs*, Ⅲ Miscellaneous Series, No. 30. Treaties, Conventions etc. between China and foreign states, Vol. 1. the Statistical Department of the Inspectorate General of Customs, 1908.

② Supplemental treaty of between the United States and China concerning commercial intercourse and judicial procedure, 1880. In: *China Imperial Maritime Customs*, Ⅲ Miscellaneous Series, No. 30. Treaties, Conventions etc. between China and foreign states, Vol. 1. the Statistical Department of the Inspectorate General of Customs, 1908.

《国际鸦片公约》和 1936 年《禁止非法贩运危险药物公约》(图 5-11)。

图 5-11 1937 年中国正式批准《禁止非法贩运危险药物公约》①

---

① 该档案保存在联合国日内瓦办事处,2010 年与其他相关档案一起入选联合国教科文组织的《世界记忆名录》。参见 World Digital Library。

第六章 赔 款

赔款是近代中外条约中十分重要的一项,列强通过签署不平等条约勒索巨额赔款,榨取中国的鲜血,使中国社会和民众更加贫困。

近代中国对外赔款可分为战争赔款、教案赔款与商务赔款三种类型。其中,战争赔款数额最大。战争指两个或两个以上的敌对国家,以武力推行国家政策造成的武装冲突和法律状态。战争状态通常是通过缔结和约而结束。一国出于战败原因,根据和约支付给战胜国军费损失及战胜国商民在战争期间受害损失的款项,称为战争赔款。[①]近代中国,清政府为维持统治、避免战争扩大等因素,往往寻求妥协,导致"不败而败",如1874年琉球事件赔款、1876年滇案赔款、1881年伊犁赔款和1906年《中英续订藏印条约》附约赔款等。[②] 而1895年中日《辽南条约》中的"赎辽费",则是日本对战败的清政府在战争赔款基础上的再勒索。

除战争赔款之外,还有商务赔款和教案赔款等,数额一般相对较小。例如,1858年10月,沙俄趁英法联军发动第二次鸦片战争之机,强迫清政府签订《塔尔巴哈台议定赔偿条约》。清政府须赔偿俄国商人在1855年7月被金夫等人所焚抢的财物及其他物件,总计银135682两。1858年11月,美国也强迫清政府签订《赔偿美商民损失专约》,清

[①] 相瑞花:《试析近代中国的战争赔款》,《青海师范大学学报(哲学社会科学版)》1999年第1期,第76—82页。
[②] 王年咏:《近代中国的战争赔款总值》,《历史研究》1994年第5期,第175—177页。

政府赔偿各通商口岸美国商人历年来所受的损失,总计银50万两。1870年法国就"天津教案"向中国勒索赔款50万两。

总之,近代中国不平等条约中涉及的赔款,名目繁多,数额巨大,给中国带来了极大的影响。其中数额较大的如下:

1. 第一次鸦片战争赔款。中英鸦片战争,中国战败,被迫与英国签订中英《南京条约》,赔款2100万银圆。其中赔偿军费1200万圆、鸦片烟价600万圆、商欠300万圆(图6-1)。

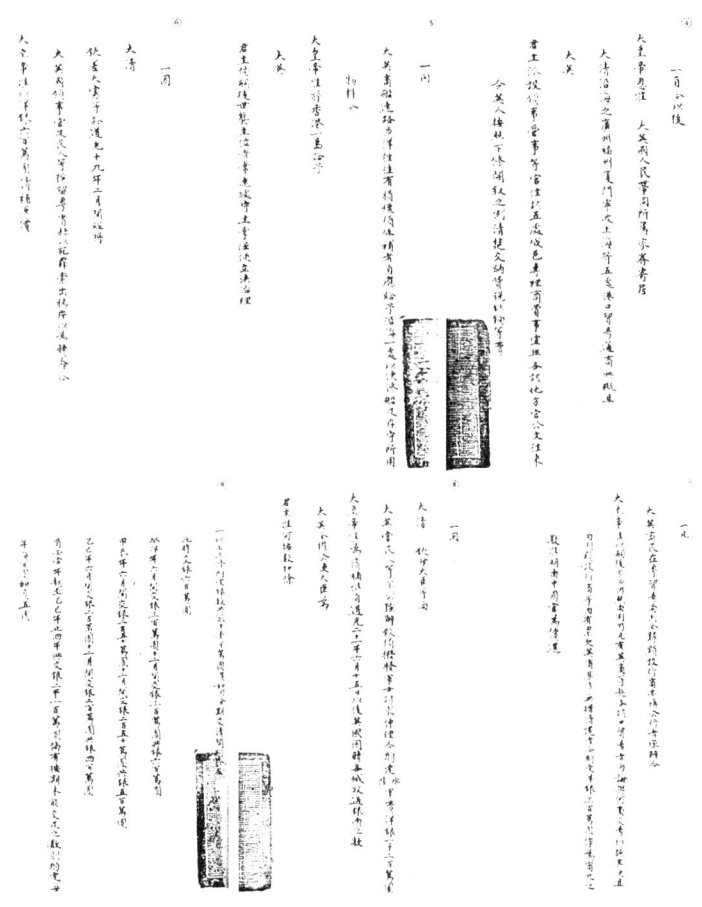

图6-1 中英《南京条约》关于赔款的条款①

① 台北故宫博物院藏。

2. 第二次鸦片战争赔款。1858年中国在第二次鸦片战争中战败,清政府被迫与英法两国分别签订中英、中法《天津条约》,规定中国向英、法分别赔款200万两白银(图6-2)。随后,英、法两国借口换约争议,再开战端,中国再度战败(图6-3),英法联军劫掠、焚毁了圆明园(图6-4)。1860年,清政府与英、法分别签订中英、中法《北京条约》(又称《中英续增条约》和《中法续增条约》),赔款数额增加为中国向英、法分别赔款800万两白银(图6-5、图6-6、图6-7、图6-8)。

图6-2 1858年《伦敦新闻画报》所载中英《天津条约》签订场景①

---

① 刘毅编译:《〈伦敦新闻画报〉所载火烧圆明园》,上海远东出版社2015年版。

第六章　赔　款

图6-3　1860年大沽炮台失守,清军大部阵亡①

图6-4　惨遭英法联军劫掠、焚毁的圆明园②

---

① 南无哀:《东方照相记:近代以来西方重要摄影家在中国》,生活·读书·新知三联书店2016年版。
② [德]穆默图,程玮译,闵杰编撰:《德国公使照片日记(1900—1902)》,福建教育出版社2016年版。

近代中外条约图志

图 6-5　1861 年 1 月，张贴在北京城墙上的《北京条约》①

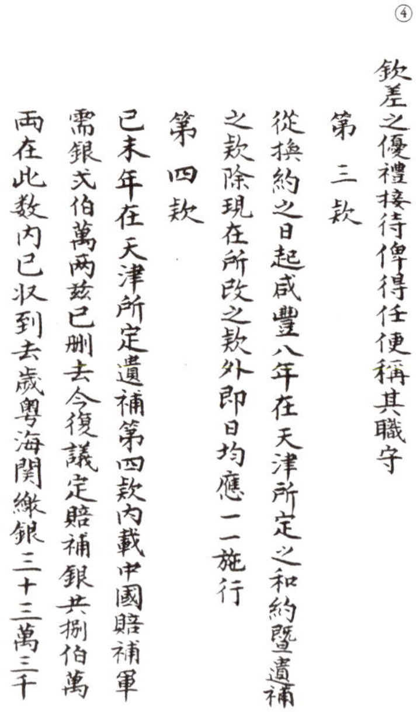

④

钦差之优礼接待俾得任便称其职守

第三款

从换约之日起咸丰八年在天津所定之和约暨遗补之款除现在所改之款外即日均应一一施行

第四款

已未年在天津所定遗补第四款内载中国赔补军需银弍佰万两兹已删去令复议定赔补银共捌佰万两在此数内已收到去岁粤海关缴银三十三万三千

图 6-6　中法《北京条约》第四款规定，赔款由白银 200 万两增加为 800 万两②

① 刘毅编译：《〈伦敦新闻画报〉所载火烧圆明园》，上海远东出版社 2015 年版。
② 台北故宫博物院藏。

第六章　赔　款

图 6-7　1861年中英《北京条约》赔款银两过秤①

图 6-8　1861年清政府押运中英、中法《北京条约》赔款②

① 刘毅编译:《〈伦敦新闻画报〉所载火烧圆明园》,上海远东出版社2015年版。
② 同上。

3. 甲午战争赔款。日本打败清朝军队后,骄狂跋扈,肆无忌惮,以伊藤博文为首的日本谈判代表对李鸿章(图6-9)等清朝谈判代表漫天要价,向清政府提出赔款3亿两白银。经过艰苦谈判,最终赔款减为2亿两(图6-10)。《马关条约》第四款规定:"中国约将库平银二万万两交予日本作为军费赔偿。"①《马关条约》还规定割让台湾、澎湖和辽东半岛。由于俄、法、德三国干涉"还辽",日本被迫同意交还辽东半岛,但又通过《中日辽南条约》(《交还奉天省南边地方条约》)勒索清政府3000万两白银。该条约第二款规定:"中国约为酬报交还奉天省辽南地方将库平银三千万两……交于日本国政府。"因此甲午战败,中国被日本勒索2.3亿两白银。

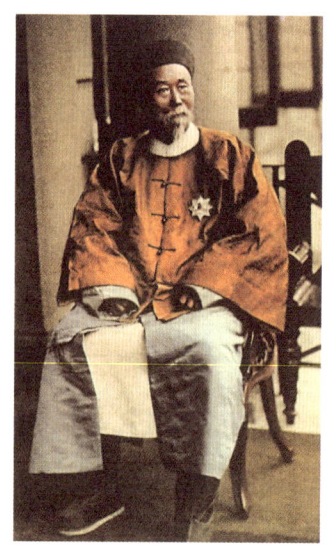

图6-9 李鸿章②

图6-10 中日《马关条约》谈判现场③

---

① 王铁崖编:《中外旧约章汇编》第1册,生活·读书·新知三联书店1957年版。
② 祝勇:《隔岸的甲午:日本遗迹里的甲午战争》,东方出版社2014年版。
③ 曾讲来主编:《崩溃的帝国——明信片中的晚清》,北京大学出版社2014年版。

4. 八国联军战争赔款。1901年清政府被迫与11国列强签订丧权辱国的《辛丑条约》。该条约第六款规定中国需向帝国主义列强赔款缴纳45000万两,年息4厘,分39年还清。① 此项赔款仅39年的利息即达到53000多万两,因此此次战争赔款本息合计98000多万两,成为中国近代史上最大的对外赔款。而清政府于1840年前后,全部中央年财政收入仅约4000万两白银,就是到20世纪初也仅1亿两左右。清政府为偿还巨额赔款,必然加大对人民的搜刮,而国家缺少资金,无力进行建设,中国民生困窘、经济萧条、百业凋敝。

其余较小数额赔款还包括:1874年琉球事件赔款,赔偿日军军费40万两、抚恤费10万两,共50万(库平)两;1876年因"马嘉理事件"引发的滇案赔款,赔偿英军军费、商欠、抚恤费共20万(海关)两;1881年伊犁赔款,通过签署《中俄伊犁条约》,中国赔偿俄国"代收、代守伊犁所僻兵费"、俄商商亏、"被害俄民"抚恤费共银卢布900万元,折库平银500万两,欠300万元;1906年《中英续订藏印条约》附约赔款50万英镑。②

列强收到赔款后,花到哪儿去了呢?第二次鸦片战争后,英国为了应付威胁和保全自身利益,利用赔款银两加强军备。1867年,根据第一海军大臣休·钱德勒的要求,英国议会同意将刚到账的中国赔款约50万英镑用以加强在中国沿海的英国舰队。这支舰队由1艘新型铁甲舰、2艘轻巡洋舰、10艘左右炮舰及其他附属舰只组成,总数达到21艘,负责维护从中国沿海到新加坡的英国海上利益。但对于当时世界第一的"日不落帝国"而言,中国向英国赔付的赔款相对其每年贸易所

---

① 王铁崖编:《中外旧约章汇编》第2册,生活·读书·新知三联书店1957年版。
② 王铁崖编:《中外旧约章汇编》第1册,生活·读书·新知三联书店1957年版。

得仅为锦上添花。英国希望长久保持在华的贸易特权,这比巨额赔款更具吸引力。

作为新兴的资本主义强国,日本基础薄弱,各方面的发展并不均衡。无论在明治维新之后如何快速地发展,其本身仍是一个资源贫乏的岛国,先天的不足限制了它的发展。1894年政府财政收入为9817万日元,同期财政支出为7813万日元。1893年日本全国大小企业的资本金总额仅为20987万日元。甲午战后,日本通过订立《马关条约》共从中国攫取了2.315亿两白银,当时折合约35836万日元,使日本迅速完成资本原始积累,大大加速了工业化进程。日本将这笔资金的一部分用于振兴教育事业、加强工业和基础设施建设,如组建了京都帝国大学(即今京都大学),开办了第二次世界大战前日本最大的官营钢铁厂——八幡制铁所等。但办学和办工业的资金仅占《马关条约》赔款的小部分,大部分赔款被用于加强军备,其中直接用于加强海军、陆军扩军的费用合计超过赔款总额的50%。① 凭借这笔巨款,在日俄战争前,日本海军完成了"六六舰队"(六艘战列舰、六艘装甲巡洋舰)的扩军目标,这在无形中也助长了日本国内的军国主义情绪(图6-11)。

近代中国数额最为巨大的一笔赔款是臭名昭著的"庚子赔款"。1900年八国联军侵华,进占北京,1901年,腐朽的清政府被迫与帝国主义列强签署了《辛丑条约》,条约规定中国向11个国家进行赔款。

《辛丑条约》签订后,在山西的英国传教士李提摩太向英国政府提出,从庚子赔款中拿出50万两返还山西,建立西式学堂,这就是山西大学的前身(图6-12、图6-13)。

---

① 随清远:《甲午战争赔款与日本》,《南开学报(哲学社会科学版)》2014年第6期,第16—21页。

第六章　赔款

图6-11　甲午战争前后的日本军舰①

---

① 万国报馆编著：《甲午：120年前的西方媒体观察》，生活・读书・新知三联书店2014年版。

图 6-12　英国传教士李提摩太①

图 6-13　山西大学②

---

① [英]李提摩太著,李宪堂、侯林莉译:《亲历晚清四十五年——李提摩太在华回忆录》,天津人民出版社2005年版。
② 同上。

第六章　赔　款

　　1908年后,美国开始退还部分赔款。《辛丑条约》刚刚签订,美国便有人士呼吁向中国退还庚款中美国部分的所谓"溢款",即超出其实际军费花销及商民损失的赔款。根据美国政府的统计,在"义和团事件"前后美国在中国的军事开支以及美国商民所受的损失总计约为1000万美元。与之相较,美国从庚款中获得赔款折合约2440万美元,超出了一倍有余。时任驻美公使梁诚积极与美方谈判,认为大笔的赔款会造成中国国民极大的"仇洋情绪"。时任美国国务卿约翰·海伊认为梁诚言论很有道理,因此成为退还庚款的主要倡导者。1908年5月,美国参众两院通过所谓"退款法案"。1908年7月,美国驻华公使柔克义致信总理外务部的庆亲王正式通报此消息。自1909年1月始,美国政府正式向中国退还赔款。美国先后两次退还赔款,本息相加实际退款为3943万美元,占其原接受赔款额的63.1%。①

　　美国退赔的第一笔费用被指定专充"学务专用",即广设学堂和遣派人员赴美留学之用。清政府与之配合,于1911年创办了清华学堂,最初属留美预备学堂性质,1925年后改制为清华大学(图6-14),并以退赔费用为基金,大量派遣留学生前往美国留学。之后,美国通过退赔款项又参与了北平图书馆、社会调查所和静生生物调查所等机构的合办,并资助了诸多大学的科研教育项目。② 美国还利用一部分赔款建造了北京协和医院。美国退还庚款所资助的项目,在中国近代发展过程中,产生了正面的影响。诸多日后建树颇丰的著名学者,皆曾受益于退还庚款,其中有中国近代地理学奠基人竺可桢,著名学者胡适,建筑学家梁思成、林徽因等(图6-15、图6-16)。

---

① 张乐天:《美国退还庚子赔款余额的决策过程》,《史林》1987年第2期,第28、75—84页。
② 宓汝成:《庚款"退款"及其管理和利用》,《近代史研究》1999年第6期,第64—100页。

图6-14　清华大学校门①

图6-15　竺可桢②

图6-16　胡适③

① 刘瑞琳主编：《老照片》第24辑，山东画报出版社2002年版。
② 竺可桢：《竺可桢文集》，科学出版社1979年版。
③ 胡适：《胡适自传》，江苏文艺出版社1995年版。

第六章　赔　款

不过,美国的行动最初并未获得其余列强的响应。俄国因为连年战争,国库空虚,非但无意退还赔款,还希望分期赔款能够尽早到位以充实国库。直至一战爆发,1917年中国参战,随即取消了对德国、奥匈帝国的赔款,英、美、法、日、比等国一致同意庚子赔款延缓五年偿付且不计利息。十月革命后,苏俄政府宣布放弃沙俄时代的所谓"掠夺性"赔款(实际退还额折合1719.5万美元)。1922年12月,英国宣布将"中国应付未到期之庚款,即将退还中国"(实际退还额折合3684.3万美元)。此后,法国、比利时、意大利、荷兰皆采取不同形式退还部分庚款。这些款项被用于文教、医疗、交通等各方面,对中国近代社会发展有着正面意义。在一定程度上,"退赔费用"也给中国的发展提供了助力,培养了诸多优秀的人才。但不可否认的是,退赔之金如何处置的权利本属于中国,中国政府也明确提出"系我国内政"[①]。西方列强通过设立管理机构,对退赔之款的运用进行操作,干涉了中国的内政。

[①]《清驻美使臣梁诚致外务部函》(1905年4月8日),清外务部档案,中国第一历史档案馆藏。

第七章 传　教

基督宗教，或者称基督教，是天主教、新教和东正教的总称。基督宗教早在唐代初年、元代就曾传入中国，当时一般称为景教，不过其对中国的社会影响都比较小。从明代中后期开始，天主教耶稣会不断派遣传教士来华，其影响日益扩大，甚至南明皇室也一度皈依天主教。18世纪初，中国教民祭祖祭孔等引发所谓"礼仪之争"，清政府与天主教矛盾激化，导致天主教被禁。

东正教的情况则很不同。早在1728年《恰克图条约》就有设立"俄国驻北京东正教传教团"的规定。不过，东正教并未在中国大规模传教，仅在北京、河北、内蒙古和东北等地有小规模传播（图7-1）。[①]其中一方面原因是清政府保守的宗教政策，另一个很重要的原因是，宗教活动仅仅是传教团的表象，俄国政府赋予其最重要的使命是搜集各方面的情报，为俄国对华外交、扩张和侵略服务。例如：第二次鸦片战争期间，俄国东正教传教士向英法联军提供其非法测绘的北京详细地图，给英法联军迅速攻入北京城提供了重要参

[①] 郑永旺：《俄罗斯东正教在中国的繁荣与衰落》，《学术交流》2015年第12期，第27—30页；谭天宇：《试析中俄〈恰克图条约〉对俄罗斯驻北京东正教传教团的影响》，《赤峰学院学报（汉文哲学社会科学版）》2015年第9期，第36—39页。

考。① 第十三届传教士团领班巴拉第,在华大量搜集情报,与俄罗斯东西伯利亚总督穆拉维约夫秘密协商,胁迫中国签订中俄《北京条约》,使俄国成功地从中国与英法两国的交战中巧取豪夺大量权益和大片中国领土。②

图 7-1 1874 年北京的东正教教堂③

19 世纪初,新教传教士也通过各种途径悄然来华,但受限于清政府闭关锁国和禁教政策,发展缓慢。1842 年中英《南京条约》及其附加条款并未涉及传教问题。但是随后 1844 年 7 月签订的中美《望厦条约》、1844 年 10 月中法《黄埔条约》(图 7-2)和 1847 年中国与瑞典挪

---

① 牛汝辰:《西方列强侵华前的非法测绘》,《中国测绘》2016 年第 1 期,第 38—43 页。
② 欧阳哲生:《俄国东正教传教团在京活动述评(1716—1859)》,《安徽史学》2016 年第 1 期,第 124—133 页。
③ Adolf Erazmovich Boiarskii. The Russian Orthodox Mission in Northeast Beijing, 1874. The Mission was Destroyed in 1900 during the Boxer Uprising. The photo is archived in the National Library of Brazil.

威签订的《广州条约》规定外国人可以在通商口岸建立教堂,客观上为基督宗教在中国传教提供了便利。

图 7-2 中法两国谈判代表在法舰阿基米德号上签署《黄埔条约》①

《望厦条约》首次明文规定,美国人可以在通商口岸建立教堂(图7-3):"合众国民人在五港口贸易,或久居,或暂住,均准其租赁民房,或租地自行建楼,并设立医馆、礼拜堂及殡葬之处。"

《黄埔条约》甚至规定中国政府有保护教堂的义务:"佛兰西人亦一体可以建造礼拜堂、医人院、周急院、学房、坟地各项……倘有中国人将佛兰西礼拜堂、坟地触犯毁坏,地方官照例严拘重惩。"

中国与瑞典挪威签订的《广州条约》相关条款内容与《望厦条约》一致。

此外,1851年中俄《伊犁塔尔巴哈台通商章程》第十四条规定:"俄商依俄馆之教,在自住房内礼拜天主,听其自便。"

---

① 南无哀:《东方照相记:近代以来西方重要摄影家在中国》,生活·读书·新知三联书店 2016 年版。

第七章　传　教

第二次鸦片战争,中国再次战败,于1858年与英、法、美、俄等国签订《天津条约》,明确规定传教合法化。从此基督宗教三大分支天主教、新教和东正教在华传教全面合法化。

图7-3　位于福州的美国基督教监理会在亚洲的第一座教堂①

中英《天津条约》规定:"耶稣圣教暨天主教原系为善之道,待人如己。自后凡有传授习学者,一体保护,其安分无过,中国官毫不得刻待禁阻。"(图7-4)

中美《天津条约》规定:"耶稣基督圣教,又名天主教,原为劝人行善,凡欲人施诸己者亦如是施于人。嗣后所有安分传教习教之人,当一体矜恤保护,不可欺侮凌虐。凡有遵照教规安分传习者,他人毋得骚扰。"

中俄《天津条约》规定:"天主教原为行善,嗣后中国于安分传教之人,当一体矜恤保护,不可欺侮凌虐,亦不可于安分之人禁其传习。若

---

① Geil W. E., *Eighteen Capitals of China*, Constable & Co., Ltd, 1911.

173

俄国人有由通商处所进内地传教者,领事官与内地沿边地方官按照定额查验执照,果系良民,即行画押放行,以便稽查。"

中法《天津条约》规定:"天主教原以劝人行善为本,凡奉教之人,皆全获保佑身家,其会同礼拜诵经等事概听其便,凡按第八款备有盖印执照安然入内地传教之人,地方官务必厚待保护。凡中国人愿信崇天主教而循规蹈矩者,毫无查禁,皆免惩治。向来所有或写、或刻奉禁天主教各明文,无论何处,概行宽免。"

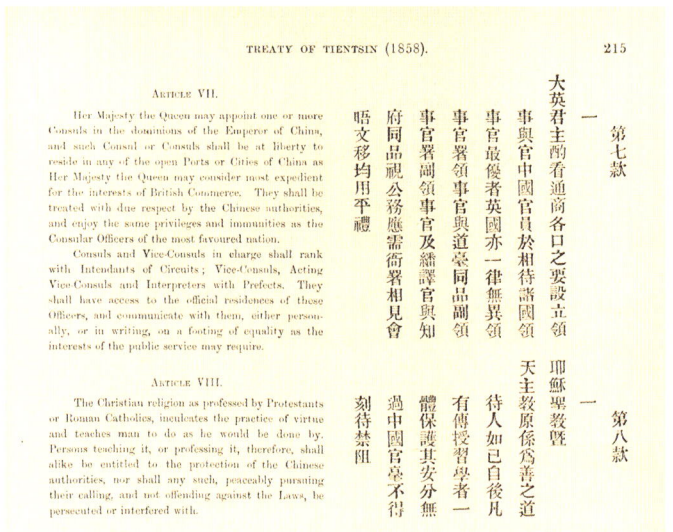

图 7-4　1858年中英《天津条约》关于传教合法化的条款①

其后,其他国家与中国订立的条约也有类似规定。例如:

1861年,德国(普鲁士)与清政府签订的《中德通商条约》也规定传教合法:"凡在中国者或崇奉或传习天主教暨耶稣圣教之人,皆全获保佑身家,其会同礼拜诵经等事概听其便。"

---

① Treaty of Tientsin, 1858. In: *China Imperial Maritime Customs*, Ⅲ Miscellaneous Series, No. 30. Treaties, Conventions etc. between China and foreign states, Vol. 2. the Statistical Department of the Inspectorate General of Customs, 1908.

1865年中国与比利时签订的《北京条约》(《比国通商条约税则章程》)规定传教合法,具体内容与中法《天津条约》相关条款一致。

1866年中国与意大利签订的《北京条约》(《中义通商章程》)规定:"义国民人传授天主圣教,果系安分无过,中国官员不得刻待阻难,均应保护相安,凡中国人愿信崇天主教而循规蹈矩者毫无查禁惩治。"

1887年,中国与葡萄牙签订的《和好通商条约》(又称中葡《北京条约》),也规定传教合法化:"天主教原以劝人行善为本,自后凡有传授习学者,一体全获保护,其安分无过者,大清国官不得苛待禁阻。"此外,该条约还规定葡萄牙国民可以在通商口岸建立教堂:"大西洋国商民在通商各口岸地方买地、租地或租房,为建造房屋,设立栈房、礼拜堂、医院、坟墓,均按民价公平定议照给。"[1]

在传教问题上尤其咄咄逼人的是法国。1857年,经过向罗马教廷施压,法国获得中国大陆地区的"保教权",据此权可统理该地区所有的外国天主教传教活动,其在华天主教势力盛极一时。[2]

法国很快就不满足于1858年《天津条约》所攫取的特权,1860年中法《北京条约》又规定了更为苛刻的条款:"应如道光二十六年正月二十五日上谕,即晓示天下黎民,任各处军民人等传习天主教、会合讲道、建堂礼拜,且将滥行查拿者,予以应得处分。又将前谋害奉天主教者之时所充之天主堂、学堂、茔坟、田土、房廊等件应赔还,交法国驻扎京师之钦差大臣,转交该处奉教之人,并任法国传教士在各省租买田地,建造自便。"

---

[1] Treaty of Peking, 1887. In: China Imperial Maritime Customs, Ⅲ Miscellaneous Series, No. 30. Treaties, Conventions etc. between China and foreign states, Vol. 2. the Statistical Department of the Inspectorate General of Customs, 1908.

[2] 刘正祥:《晚清时期法国天主教对华传教政策述评》,《中国天主教》2003年第3期,第43—46页。

由于天主教在18世纪初遭到清政府禁止,历经100多年,时过境迁,很多财物归属已经非常复杂,所以此时再进行所谓"赔还",很容易引发纠纷。另外,"任法国传教士在各省租买田地,建造自便"这样的规定,极易引发法国传教士和地方官民的矛盾。①

近代基督宗教在华传播,与帝国主义侵略有千丝万缕的联系。基督宗教的宗教势力不仅享有领事裁判权,还仰仗不平等条约庇护,颐指气使,凌驾于地方政府之上,蔑视中国法律,偏袒传教士和信教群众,破坏中国司法主权。基督宗教信仰及其附加的文化习俗,与中国传统社会迥异,难免引发冲突。基督宗教的传入,打破了传入地原有的平衡,宗教势力在土地、房产等方面也难免与传入地官民发生冲突。宗教势力与当地居民不断发生各种矛盾和冲突,各地所谓"教案"不断。② 这些教案,很多又成为帝国主义国家对华勒索、掠夺和侵略的借口。

例如:马神甫事件,或者称西林教案,1856年发生于广西西林。依据1844年中法《黄埔条约》,法国人可以在广州、厦门、福州、宁波和上海五个通商口岸建造礼拜堂(即教堂,见前文所引《黄埔条约》相关条款),但是不可以擅自离开通商口岸,深入内地③。但是法国天主教传教士马赖(马神甫)违反《黄埔条约》的规定,擅自深入中国内地传教达数年之久,触犯中国法律,于1856年被清政府广西西林县知县张鸣凤逮捕并处死(图7-5)。这一事件成为法国伙同英国发动第二次鸦片战争的借口。

---

① 温瑞:《1860—1874年直隶教案研究》,河北师范大学2012年硕士学位论文;颜小华:《近代广西民教冲突及原因分析》,《广西师范大学学报(哲学社会科学版)》2014年第5期,第22—28页。

② 常润华:《近代中国教案史研究述评》,《北京社会科学》1988年第3期,第59—67页;苏全有、张超:《对近代中国教案史研究的回顾与反思》,《湖南工程学院学报(社会科学版)》2013年第2期,第42—51页。

③ 条约规定:"凡佛兰西人在五口地方居住或往来经游,听凭在附近处所散步,其日中动作一如内地民人无异,但不得越领事官与地方官议定界址。"

第七章　传教

图 7-5　1856 年马神甫被清政府处决①

另一个影响较大的教案是 1897 年 11 月发生于山东的曹州教案。19 世纪 80 年代开始,德国天主教传教士深入山东传教,传教士依仗不平等条约的荫庇,向山东社会大肆扩张势力,进行大规模渗透,窥测情报,为德国侵略服务(图 7-6)。1897 年 11 月 1 日,两名德国传教士被中国农民杀死,德国竟以此为借口,出兵强占山东胶州湾(图 7-7)。1898 年 3 月,德国胁迫清政府签订《胶澳租界条约》,规定:胶州湾租与德国,租期 99 年;德国修筑胶澳至济南铁路,并有权开采铁路沿线矿产;另外"在山东省内如有开办各项事务,商定向外国招集帮助为理,或用外国人,或用外国资本,或用外国料物,中国应许先问该德国商人等愿否承办工程,售卖料物。如德商不愿承办此项工程及售卖料物,中国可任凭自便另办"。也就是令山东成为德国势力范围。

---

① Tortures subies pae le R. P. Chapedelaine, missionnaire en Chine, martyrisé dans la province de Quang-si. *Le Monde illustré*, 27 février 1858.

近代中外条约图志

图 7-6　1891年德国天主教传教士在山东济宁新建教堂①

图 7-7　1898年德国以曹州教案为借口，悍然出兵强占胶州湾②

---

① Anonymous，1891. Die Katholische Kirche von Tsining. In Ernst von Hesse-Wartegg，*Schantung und Deutsch-China*，1898. 参见北京大学图书馆编：《烟雨楼台——北京大学图书馆藏西籍中的建筑图像》，中国人民大学出版社2008年版。
② 曾讲来主编：《崩溃的帝国——明信片中的晚清》，北京大学出版社2014年版。

另一方面,基督宗教的传入,在传播科学文化知识、慈善、教育和医疗卫生等方面也具有一些正面作用。其中尤其突出的是教会在中国建立医院,为中国医疗卫生事业的近代化起到非常正面的作用。

西方列强获准在中国建立医院的条约依据为1844年中美《望厦条约》和中法《黄埔条约》。

《望厦条约》规定:"合众国民人在五港口贸易,或久居,或暂住,均准其租赁民房,或租地自行建楼,并设立医馆、礼拜堂及殡葬之处。"

《黄埔条约》规定:"凡佛兰西人按照第二款至五口地方居住……佛兰西人亦一体可以建造礼拜堂、医人院、周急院、学房、坟地各项。"

另外,1842年中英《南京条约》虽然没有约定英国人可以建造医院,但是根据1843年签订的《虎门条约》,英国获得片面最惠国待遇,也获得在华建造医院的权利。

第二次鸦片战争后,1858年中英、中法和中美《天津条约》等一系列条约进一步规定缔约各国有权在新开通商口岸建立医院。此后,1861年中德(普鲁士)《通商条约》、1865年中比《通商条约》等也规定缔约国可以在通商口岸建立医院。

17世纪末以来,清政府对基督教实行日趋严厉的禁教政策,英国伦敦传道会传教士马礼逊、德国传教士郭士立等逐渐认识到,医药能够赢得中国人信任,是很有效的传教方式。

基督教新教尤其注重医药传教,中国最早的西医医院大多是由新教教会建立。① 经过100多年演变,其中很多医院至今还是中国非常著名的高水平医院。

新教教会医院的历史可以追溯到鸦片战争前。1834年,美国国外

---

① 高洁、陈丽云:《近代中国教会医院发展概述》,《中医文献杂志》2015年第1期,第60—64页。

行道会理事会（通称美部会）传教士伯驾抵达当时唯一的通商口岸——广州，成为来华的第一位真正意义上的医药传教士。① 伯驾于1835年组建了中国内地最早的西医医院——广州眼科医局，两次鸦片战争后，广州眼科医局逐渐发展成为综合性的博济医院（今中山大学孙逸仙纪念医院）（图7-8、图7-9、图7-10）。

图7-8　美国国外行道会理事会传教士伯驾②

---

① 谭树林：《美国传教士伯驾在华医疗事业影响述论》，《历史教学》2005年第9期，第33—37页。
② Stevens, George Barker, *The Life, Letters, and Journals of the Rev. and Hon. Peter Parker*, M. D. Congregational Sunday School and Publishing Society, 1896.

第七章　传　教

图 7-9　1839 年传教士伯驾在广州眼科医局行医①

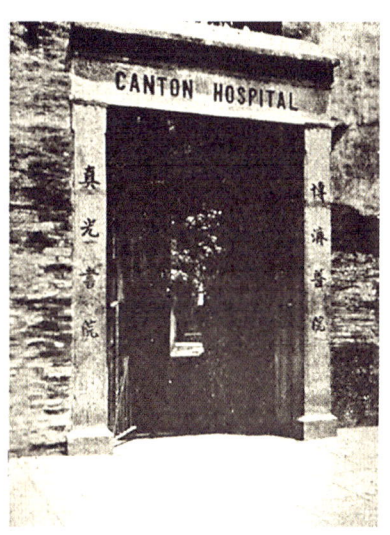

图 7-10　中国最早的西医医院——博济医院，前身为广州眼科医局②

① [美]李士风著、译：《晚清华洋录：美国传教士、满大人和李家的故事》，上海人民出版社 2004 年版。
② Canton Hospital, Canton, China. Trinity College Library, Moore Collection relating to the Far East, c1920. Trinity College Digital Repository. http://digital-repository.trincoll.edu/moore/30/.

1844年,仁济医院(原名中国医院,Chinese Hospital)成立,由基督教新教英国伦敦传道会传教士雒魏林所建,是上海开埠后的第一所西医医院。① (图 7-11、图 7-12)

在另一通商口岸宁波,教会医院也随着开埠迅速建立起来。1843年,美国基督教浸礼会创办华美医院(初名浸礼老医局)。②

第二次鸦片战争后,随着通商口岸的增多和基督宗教传教的合法化,新教和天主教教会医院更是如雨后春笋般在各个通商口岸和其他地区建立起来。③

近代中外条约关于外国人有权在中国建立医院的条款,是这些条约中极少数对中国有利的条款之一。这些医院主观上虽然带有医药传教和文化渗透的目的,但客观上确实起到了救死扶伤的作用,拯救了无数的中国人,对中国人民健康和医疗卫生事业具有正面的作用。

---

① Zhai H. L., Chen S. M., Lu Y. L., "William Lockhart of Liverpool: the First British Medical Missionary to China", *The Bulletin of the Liverpool Medical History Society*, Number 26, 2014-2015 Session, 33-39.
② 吴元章:《宁波医院史话》,宁波市政协文史资料委员会编:《宁波文史资料》第1辑,1985年版。
③ 高洁、陈丽云:《近代中国教会医院发展概述》,《中医文献杂志》2015年第1期,第60—64页。

第七章　传　教

图 7-11　雒魏林,基督教新教英国伦敦传道会传教士,中国医院创立者①

图 7-12　中国医院(今上海交通大学医学院附属仁济医院)②

---

① Zhai H. L., Chen S. M., Lu Y. L., "William Lockhart of Liverpool: the First British Medical Missionary to China", *The Bulletin of the Liverpool Medical History Society*, Number 26, 2014-2015 Session, 33-39.
② 同上。

第八章　游　历

近代所称的"游历",类似于现代的旅游,但游历的专业性和目的性更强。外国人来华游历,一方面对于增进中外人民相互了解、促进中国科学文化发展有积极意义,但是另一方面,许多游历者都包藏祸心,有的来华进行非法考古发掘,掠夺中国珍贵的历史文化遗产;有的借游历搜集各种政治、经济、资源和军事情报。所谓"彼藉游历以传教者无论已,其他或默记中夷相通道里,或私绘山川形势,或考求物产盈虚,或测探煤铁矿苗,非空劳跋涉者"①。

1842年,中国在鸦片战争中战败,被迫签订《南京条约》等一系列不平等条约。不过,因为中国政府抵制,加上当时许多中国人对外国人怀有敌意,所以外国人赴中国内地游历并未放开。作为《南京条约》补充条款的《善后事宜清册附粘和约》(签订于1843年,又称《五口通商附粘善后条款》)规定:"广州等五港口英商或常川居住,或不时往来,均不可妄到乡间任意游行,更不可远入内地贸易。中华地方官应与英国管事官各就地方民情地势,议定界址,不许逾越,以期永久彼此相安。"②

---

① (清)朱寿朋编,张静庐等校点:《光绪朝东华录》,中华书局1958年版。
② Supplementary Treaty, 1843. In: *China Imperial Maritime Customs*, Ⅲ Miscellaneous Series, No. 30. Treaties, Conventions etc. between China and foreign states, Vol. 1. the Statistical Department of the Inspectorate General of Customs, 1908.

第八章　游　历

《南京条约》后,1844年美国和法国相继胁迫中国分别签订中美《望厦条约》和中法《黄埔条约》。这两个条约对游历的规定与《南京条约》补充条款基本相同。

中美《望厦条约》规定:"其合众国人泊船寄居处所,商民、水手人等止准在近地行走,不准远赴内地乡村,任意闲游,尤不得赴市镇私行贸易;应由五港口地方官,各就民情地势,与领事官议定界址,不许逾越,以期永久彼此相安。"

中法《黄埔条约》规定:"凡佛兰西人在五口地方居住或往来经游,听凭在附近处所散步,其日中动作一如内地民人无异,但不得越领事官与地方官议定界址,以为营谋之事。"

根据上述三个条约,外国人被禁止到通商口岸以外地区游历,仅允许在五个通商口岸附近活动。

第二次鸦片战争,中国战败,被迫于1858年与英、法、美、俄等国签订一系列不平等条约,开放外国人来华赴内地游历。

中英《天津条约》规定:"英国民人准听持照前往内地各处游历、通商,执照由领事官发给,由地方官盖印。"(图8-1)

中法《天津条约》规定:"凡大法国人欲至内地及船只不准进之埠头游行,皆准前往,然务必与本国钦差大臣或领事等官预领中、法合写盖印执照,其执照上仍应有中华地方官钤印以为凭。"

1861年,德国(普鲁士)派遣艾林波远征队在天津与清政府签订《通商条约》,该条约也规定了德国人在中国内地游历的特权:"布国及德意志通商税务公会和约各国民人,皆准在通商各口近处游玩,如地在百里,期在三五日内,毋庸请照。其欲前往内地,须由领事暨地方官发给盖印执照,随时饬交,随时呈验。"

此后,许多中外条约都约定了相关国家人民在中国内地游历的条款,包括:1863年中国与丹麦《天津条约》、1863年中国与荷兰《天津条约》、1865年中国与比利时《北京条约》、1866年中国与意大利《通商条

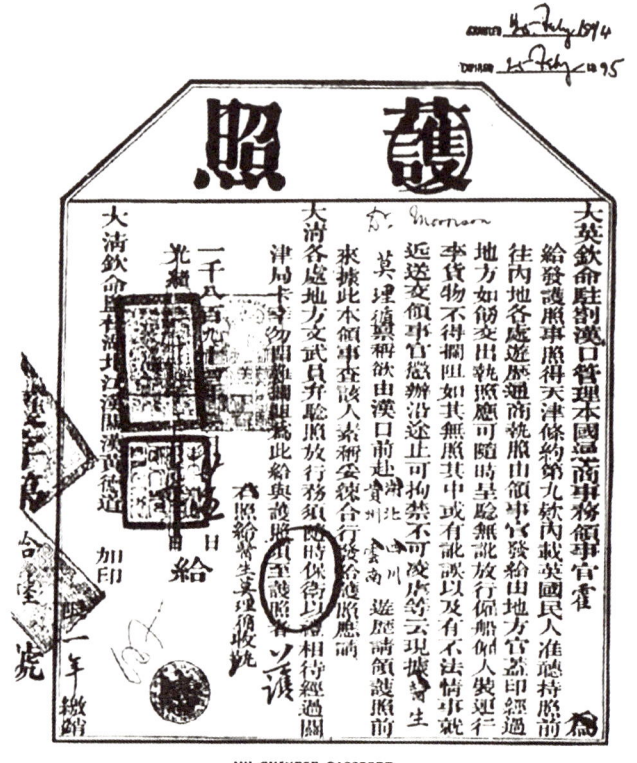

图 8-1 莫理循来华游历的护照（类似于现代的签证）①

约》、1869 年中国与奥匈《通商条约》等。

此外，还有些国家虽然没有在条约中明文规定在中国内地游历的权利，但依据相关条约中的最惠国待遇条款获得了赴中国内地游历的权利。例如：1858 年中美、中俄《天津条约》虽然未明确开放赴内地游历，但都有中国给予美国、俄国最惠国待遇的条款，因此自动享有上述特权。

---

① George Ernest Morrison M. B., *An Australian in China being the Narrative of a Quiet Journey across China to Burma*, 1895. Republished by The University of Adelaide Library, 2015.

中美《天津条约》规定:"现经两国议定,嗣后大清朝有何惠政、恩典、利益施及他国或其商民,无论关涉船只海面、通商贸易、政事交往等事情,为该国并其商民从来未沾,抑为此条约所无者,亦当立准大合众国官民一体均沾。"

中俄《天津条约》规定:"日后大清国若有重待外国通商等事,凡有利益之处,毋庸再议,即与俄国一律办理施行。"

《天津条约》签订后,欧美学者,特别是地理、地质和考古学家大量进入中国考察、探险。这些学者,有的来华进行纯粹的科学研究;有的则对中国的文物资源进行掠夺;有的一方面是进行科学研究,另一方面也暗藏政治目的,为帝国主义国家对华进一步侵略和经济掠夺作准备。

1896年《中日通商行船条约》规定日本人可在中国内地游历:"日本臣民准听持照前往中国内地各处游历、通商。"从此大量日本人怀揣各种目的来华游历,其中一部分从事间谍活动,搜集各种情报,为后来日本扩大对华侵略作准备。

1901年《辛丑条约》签订以后,清政府还被迫对外国人在华游历提供周全的保护,地方各级官员不敢稍有懈怠。《辛丑条约》附件十六规定:"远人来华,或通商以懋迁有无,或游历以增长学识……著再责成各直省文武大吏通饬所属,遇有各国官民入境,务须切实照料保护。倘有不逞之徒凌虐戕害各国人民,立即驰往弹压获犯惩办,不得稍涉玩延,如或漫无觉察,甚至有意纵容,酿成巨案,或另有违约之行,不即立时弹压犯事之人,不立行惩办,各该管督抚、文武大吏及地方有司各官一概革职,永不叙用,不准投效他省希图开复,亦不得别给奖叙。"[①]

下文以几位具有代表性的外国来华游历者举例说明。

---

① 田涛主编:《清朝条约全集》第3卷,黑龙江人民出版社1999年版。

一、庞佩利

美国地质学家庞佩利（Raphael Pumpelly，1837—1923），是中国历史上对地质，特别是地层进行科学考察、研究的第一人，但成果较为粗浅。① 1863年2月正在日本考察的庞佩利获悉中国内地对外国人开放游历，遂于当年3月来华考察。（图8-2、图8-3、图8-4）

图8-2 美国地质学家庞佩利（1884年）②

---

① 杨静一：《庞佩利与近代地质学在中国的传入》，《中国科技史料》1996年第3期，第18—27页。
② Pumpelly R., *My Reminiscences*, Vol. 1. Henry Holt and Company, 1918.

第八章　游　历

216　　RAPHAEL PUMPELLY

As guest of our Consul, Mr. J. G. Walsh, I had here some happy days.

There were several coal mines in the immediate neighborhood, but as they were on princely domain they were inaccessible to me. After trying in vain to get permission to visit them, I concluded to leave for China, where foreigners had lately acquired the right of penetrating to the interior. Wishing to return to America by way of China and India, I had declined the invitation of Captain Bessargine to continue with him the voyage to San Francisco.

图 8-3　庞佩利获悉中国内地对外国人开放游历，决定立即来华考察①

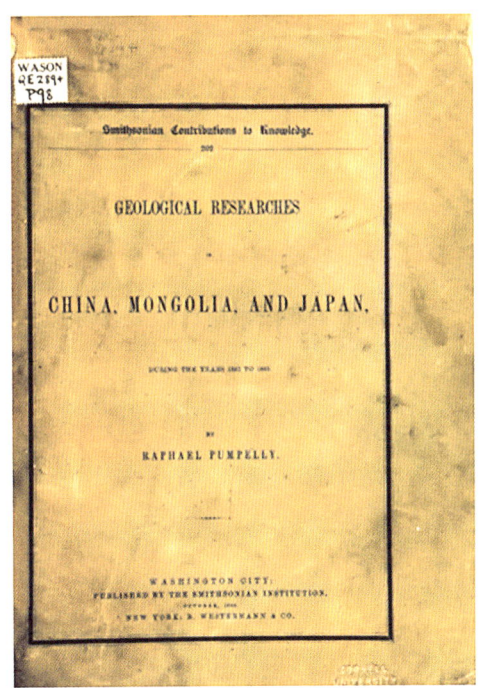

图 8-4　庞佩利关于中国及周边地区的地质学研究专著②

---

① Pumpelly R.，*Travels and Adventures of Raphael Pumpelly*，Henry Holt and Company，1920.
② Pumpelly R.，*Geological Researches in China，Mongolia，and Japan during the Years 1862 – 1865*，the Smithsonian Institution，1866.

189

二、李希霍芬

德国地质学家李希霍芬（Ferdinand von Richthofen，1833—1905），于1868至1872年来华进行地质考察，首次对中国地层、大地构造、矿产资源等进行了比较系统的考察和研究，取得了丰硕的成果。中国著名地质学家翁文灏评价："中国地质学之巩固基础，实由德人李希霍芬氏奠之。"①（图8－5）

图8－5　德国地质学家李希霍芬（摄于在中国游历期间）②

但是，李希霍芬在中国的部分地质调查研究，在很大程度上是为德国对华侵略和殖民服务的。李希霍芬对浙江舟山进行了详细的考察，并向德国政府建议占据舟山，但1846年中英《退还舟山条约》规定，舟山接受英国"保护"，中国不能将舟山让与他国，因此只能作罢。他又对山东的矿产资源（特别是煤炭资源）、农业、气候、交通和胶州湾海岸港口等进行了详细的调查，并向德国政府建议占据胶州湾，并修建

---

① Wong W. H.，"Richthofen and Geological Work in China"，*Bulletin of the Geological Society of China*，1933，12：311－313. 参见李海晨译：《李希霍芬与中国之地质工作》，《方志月刊》1933年第12期，第37－38页。

② Ferdinand Freiherrn von Richthofen，*China*，Vol. 5. Verlag von Dietrich Reimer，1911.

胶济铁路等。① 1898 年,德国以山东曹州教案为借口,派遣海军占据胶州湾,强迫清政府签署《胶澳租借条约》。德国强租胶州湾,并获得在山东修筑铁路和开采铁路沿线矿产资源等特权(图 8-6)。

图 8-6　胶澳租借地(青岛)。　上图为青岛港,下图为青岛俾斯麦街(今江苏路)②

---

① [德]施丢克尔著,乔松译:《十九世纪的德国与中国》,生活·读书·新知三联书店 1963 年版;朱亚非、张登德:《山东对外交往史》,山东人民出版社 2011 年版。
② Denkschrift betreffend die Entwicklung des Kiautschou-Gebiets, 1902. See: Staatsbibliothek zu Berlin.

三、斯坦因

英国探险家斯坦因(Marc Aurel Stein,或译司代诺,1862—1943),分别于 1900 年至 1901 年、1906 年至 1908 年、1913 年至 1916 年和 1930 年至 1931 年四次以游历之名到中国西北新疆、甘肃等地擅自进行考古发掘,掠夺文物(图 8-7、图 8-8、图 8-9、图 8-10)。

图 8-7 英国探险家斯坦因①

---

① M. A. Stein, *Ruins of Desert Cathay: Personal Narrative of Explorations in Central Asia and Westernmost China*, Vol 2. Macmillan and Co. Ltd, 1912.

第八章 游　历

图 8-8　斯坦因在敦煌盗掘一处古瞭望台（斯坦因本人拍摄）①

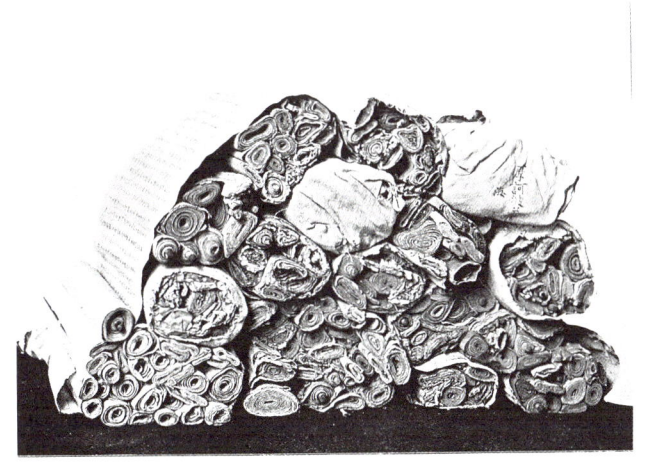

图 8-9　斯坦因掠夺的敦煌千佛洞大量珍贵文物（斯坦因本人拍摄）②

　　1907 年，他在敦煌擅挖古迹，引起当地居民和政府警觉。清政府因此于 1907 年 5 月 13 日向英国公使提出交涉，发出《外务部为请阻止

---

① M. A. Stein, *Ruins of Desert Cathay: Personal Narrative of Explorations in Central Asia and Westernmost China*, Vol. 2. Macmillan and Co. Ltd, 1912.
② 同上。

游历英人司代诺在敦煌擅挖古迹事致英公使朱迩典函》①。

特别令中国人愤怒的是,斯坦因在敦煌掠夺了数以万计的书籍、绘画等珍贵文物。

图8-10 斯坦因掠夺的敦煌千佛洞文物(斯坦因本人拍摄)②

① 该函原件藏于中国第一历史档案馆。另见中国第一历史档案馆:《晚清欧洲人在华游历史料》,《历史档案》2002年第4期,第64—76页。

② M. A. Stein, *Ruins of Desert Cathay: Personal Narrative of Explorations in Central Asia and Westernmost China*, Vol. 2. Macmillan and Co. Ltd, 1912.

四、伯希和

伯希和(Paul Pelliot,1878—1945),法国著名历史学家、探险家。受西域国际考察委员会法国委员会派遣,伯希和组建并率领西域考古探险团于1906至1908年赴中国新疆喀什、图木舒克、库车和甘肃敦煌等地进行考古探险,大肆非法发掘、收购、盗窃中国文物。伯希和在汉学和西域学方面造诣深厚,因此他在劫掠西域文物、文献方面,非常高明、专业而内行,给中国新疆、甘肃文物、文献造成极为惨重的损失。(图8-11、图8-12)

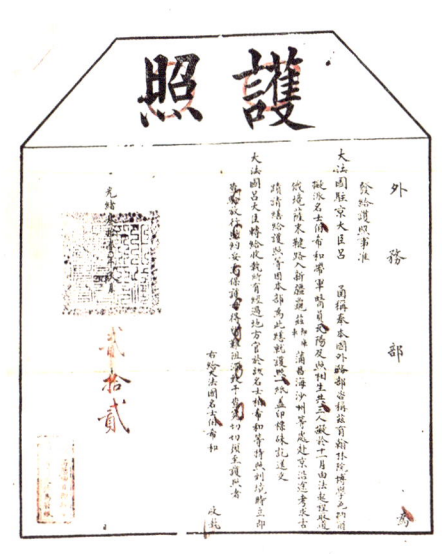

图8-11 法国探险家伯希和来华游历的护照①

图8-12 伯希和在敦煌藏经洞盗取文物②

---

① [法]伯希和著,耿昇译:《伯希和西域探险日记(1906—1908)》,中国藏学出版社2014年版。
② [法]伯希和等著,耿昇译:《伯希和西域探险记》,人民出版社2011年版。

五、克拉克

1908 至 1909 年,美国探险家克拉克(Robert Sterling Clark,1877—1956)组建了一支科学考察队,前往中国北方进行了一次细致的地理学、气象学、生物学调查(图 8-13)。这支考察队在考察过程中得到清政府的全程保护。

图 8-13　克拉克(左)和他的考察队成员①

克拉克在其考察的游记中记述道:"洋务局派来两名警察保护洋人,同时负责保护物资的安全。这两位可敬的警察不负所托,他们找到村长,警告他说,倘若物资被盗,他难辞其咎,并命令他派人看管。此举被证明是非常有效、明智的措施,再后来整个考察过程中我们都如法炮制。"克拉克"到达榆林之后,就由索尔比担任翻译依次拜访了所有官员,官员们也很快进行了回访……警务署总办名叫毕忠备(Pi Jung-pei,音译),是个举止文雅,尤为和蔼可亲的老人,他经常来小坐一会儿,和我们

---

① [美]罗伯特·斯特林·克拉克等著,史红帅译:《穿越陕甘:1908—1909 年克拉克考察队华北行纪》,上海科学技术文献出版社 2010 年版。

聊天,或者来进行一些必要的官方沟通"。(图 8-14、图 8-15)

图 8-14　陕西省榆林府警务署总办①

图 8-15　兰州府为克拉克考察队提供的护兵②

---

① [美]罗伯特·斯特林·克拉克等著,史红帅译:《穿越陕甘:1908—1909 年克拉克考察队华北行纪》,上海科学技术文献出版社 2010 年版。
② 同上。

第九章 路 矿

1840年鸦片战争之后,中国的国门被打开,延续千年的封建经济逐步解体,先进的技术陆续传入,推动着中国社会经济部门的变革。近代的矿业与铁路就是其中重要的两项变革,也是中国近代化过程中强大的力量来源与基础。中国的矿业与铁路事业的发展相辅相成,两者关系密切,其中一方的进步伴随着另一方的革新。同时,列强通过与清政府签订借款筑路合同,获得修筑、运营铁路的权利,并攫取铁路沿线矿产资源开采权、森林砍伐权等权利。

一、 近代矿业与中外条约

在近代工业革命后,煤炭成为最重要的能源资源。近代中国矿业的初创时期,煤炭占据了主要的地位。近代以来,中国沿海地区逐步开放,越来越多的轮船在中国近海航行。煤炭作为当时轮船的主要动力,其消耗量急剧上升(图9-1)。最初,中国的煤炭主要靠国外进口,但是长途运煤的成本高昂。[1]

---

[1] 张以诚、刘昭民编著:《中国近代矿业史纲要》,气象出版社2012年版。

第九章 路　矿

图 9-1　中国港口人工加煤场景（1894 年）①

中国煤炭资源并不贫乏，但是当时中国煤炭的开采仍处于效率非常低下的手工作坊阶段。采煤工艺原始、落后，为手镐刨挖，人力背拖筐篓、口袋运输，油灯照明，以自然或人工通风、排水。开采的主要是露天和近地表的煤炭，产量很小且很难保证供应，运输成本也很高（图 9-2）。②例如，1866 年京西斋堂煤矿每吨煤采集费用为 2.5 两白银，但经由牛马车拉至天津市场，出售价格已经高至 12 两，却仍无利可图，③无法与国外进口的煤炭竞争。

19 世纪 70 年代初，英国发生严重的煤荒，煤价猛涨，福州船政局深感燃料供应不足的危机，着手经营台湾基隆煤矿。1875 年沈葆桢奏请开办台湾煤矿，聘请英国矿师翟撒，在基隆老寮坑建设基隆煤矿，该煤矿 1895 年因台湾沦陷而落入了日本人手中。

---

① 万国报馆编著：《甲午：120 年前的西方媒体观察》，生活·读书·新知三联书店 2014 年版。
② 侯德封：《中国矿业纪要（民国二十一年至民国二十三年）》，实业部地质调查所、国立北平研究院地质调查所 1932 年版。
③ 纪辛：《矿业史话》，社会科学文献出版社 2000 年版。

图 9-2 1870年前后直隶的煤矿（上图是北京房山煤矿，下图是河北井陉煤矿）①

著名洋务派李鸿章是近代中国人自办煤矿的重要开拓者。李鸿章委派中国近代著名买办商人唐廷枢着手开办煤矿。1876年唐廷

---

① Ferdinand Freiherrn von Richthofen, *China*, Verlag von Dietrich Reimer, 1877.

枢奉命携煤矿专家马立师前往直隶滦州所属的开平勘探,发现煤质优异,极有开采价值,因此迅速向李鸿章报告,并提议修筑铁路以保证煤炭的运输。1877年开平煤矿正式开始集资,其资金大多来自商人集资,1881年正式投产进行开采,成为中国人自办煤矿的第一个成功案例,到19世纪末,年产量达到80万吨(图9-3、图9-4、图9-5、图9-6)。随着开平煤矿的成功,西方列强也意欲染指,妄图将其划为己有。1900年八国联军侵华,开平矿务局被占领,开平煤矿被英商攫取。① 刚刚战败并签订《辛丑条约》的清政府毫无办法,只好屈辱地吞下这个苦果。

图9-3　1898年开平煤矿引进的蒸汽绞机②

① 张以诚、刘昭民编著:《中国近代矿业史纲要》,气象出版社2012年版。
② 李志龙主编:《开滦史鉴撷萃》,河北人民出版社2011年版。

图9-4　开平煤矿一号坑①

图9-5　开平煤矿测绘现场（左三为英国工程师金达）②

① 李志龙主编：《开滦史鉴撷萃》，河北人民出版社2011年版。
② 开滦国家矿山公园网站，http://www.kailuanpark.cn/park.php。

第九章 路　矿

图9-6　原天津开滦矿务总局办公大楼①

德国对中国煤炭资源的觊觎由来已久。19世纪60—70年代,著名地质学家李希霍芬即来华以游历为名,对中国的煤炭资源进行了非常细致的调查,其中对山东的调查尤为系统、翔实。除煤炭资源外,李希霍芬还对胶州湾进行了详细的勘查,并且对胶济等铁路路线进行了详细的选线、勘查。

德国在《马关条约》后干涉还辽过程中,促成日本放弃割占辽东半岛,以此为功,向清政府要求租借山东胶澳地区。德国借口山东曹州教案,强占胶州湾,于1898年与清政府签订《胶澳租借条约》,条约第二项第一款、第四款规定,德国可在山东境内自胶州湾修筑南北两条铁路,铁路沿线两旁各30里范围以内的矿产,德商有开采权。②

除山东外,德国还插足井陉煤矿。井陉煤矿土法采煤历史悠久,新法开采则始于1898年,由井陉当地文生张凤起申请开办,他和德国人汉纳根私订合办契约,成立井陉煤矿公司,产权归中国人,而公司运营则被德国人把持操控(图9-7)。之后袁世凯剥夺了张凤起的产权,将井陉煤矿收归官办,成立井陉矿务总局;并与德商汉纳根商议合办,至

---

① 开滦矿局档案处:《开滦史鉴》1996年第2期(总12期)。
② 王铁崖编:《中外旧约章汇编》第1册,生活·读书·新知三联书店1957年版。

1908年议定《直隶井陉矿务总局与井陉矿务有限公司办矿合同》,经直隶总督杨士骧批准,成立井陉矿务局。合同规定,运行资金由双方各出50万两,矿主为井陉矿务局,而一切用人行政由双方商定确认。这项合同虽然损失了井陉煤矿的部分主权,但是在当时历史环境下已属不易。

图 9-7　井陉煤矿最早开采的矿井——老矿井及皇冠塔①

英国是最早侵略中国的老牌资本主义国家,同样也加入了攫取矿权的狂潮中,疯狂掠夺中国的矿产资源。1898年英国于伦敦创办福公司,在北京设立分公司,并以威逼利诱等方式,与山西商务局签订《山西商务局与福公司议定山西开矿制铁以及转运各色矿产章程条例》,共20条。第一条规定:"山西商务局禀奉山西巡抚准,专办盂县、平定州、

---

① 小钟:《大清洋帅汉纳根》,凤凰出版社2009年版。

潞安、泽州与平阳府属煤铁以及他处煤油各矿。"第十四条又规定:"山西商务局所借福公司银一千万两,将来每开一矿,实需资本若干,由福公司拨用后,准福公司所用之数造印借款股分票,刊刻章程,定期分还。"①实际上,福公司已经通过该项条约攫取了山西的矿权。同时,福公司又故技重施,盯上了河南焦作矿区,与河南当局签订《河南开矿制铁以及转运各色矿产章程条例》,取得了在怀庆左右、黄河以北诸矿山各矿的开采权。福公司开筑铁路,对民办矿务产生威胁,后经商议,按照"开滦模式"合作开采。自1898年至1937年,福公司三易名字,经营焦作矿区40年,获利巨大(图9-8、图9-9)。此外,英国还在云南、四川、湖南、河北和吉林等多个省份攫取矿权,掠夺煤炭资源(图9-10)。

图9-8　焦作煤矿李封矿②

---

① 牛创平、牛冀青编著:《近代中外条约选析》,中国法制出版社1998年版。
② 薛毅:《英国福公司在中国》,武汉大学出版社1992年版,前言。

图 9-9　英国福公司在中国最早的基地——哲美森镇（河南焦作）①

图 9-10　英国福公司开设于四川的火力发电厂（左）和开设于湖南湘潭的煤矿（右）②

① 薛毅:《英国福公司在中国》,武汉大学出版社1992年版,前言。
② 同上。

第九章　路　矿

沙皇俄国自19世纪中叶开始疯狂侵略中国。1895年,俄国与中国清政府签订了《加西尼条约》,获得了在中国开矿的权利。① 1901年至1902年,俄又与吉林、黑龙江、辽宁根据《加西尼条约》分别签订了具体的开矿合同:1901年3月,中俄两国签订《新订吉林开办金矿条约》14条,同年5月又签订了《续订吉林开办金矿条约》;7月于哈尔滨签订《改定吉林开采煤矿合同》,该条约规定俄罗斯所办东省铁路公司具有在吉林开采"该路便宜之煤矿"的权利,"铁路公司享有独擅之权,如煤在铁路两旁各三十里内,或华人或华洋同办人欲行开采,无铁路应允,不得开采"。② 俄关东军总督阿卡克萨科夫蛮横而嚣张地声称:"各国有欲开办东省之矿者,一经俄人准许即可施行,中国不必过问。"俄国就这样以铁路为吸血管,疯狂地掠夺我国东北的矿产资源。

1895年,中国在甲午战争中战败,被迫与日本签署《马关条约》。该条约第六款第四条规定:"日本臣民在中国制造一切货物,其于内地运送税、内地税、钞课、杂派以及在中国内地沾及寄存栈房之益,即照日本臣民运入中国之货物一体办理,至应享受优例豁除,亦莫不相同。"③这项条款对于中国的经济影响是巨大的,表面上只有日本享受在华设厂权,然而西方列强皆通过"片面最惠国待遇"获得在华设厂权。

1904年日本强行占领储量巨大的抚顺煤矿,设立抚顺采炭所。1909年日本趁中国内外交困,迫使清廷与之缔结《东三省交涉五案条款》,其中第三款规定日本有权开采抚顺、烟台两个煤矿(图9-11、图9-12)。之后,日俄战争日本胜利,日俄签订了《朴茨茅斯条约》,其第

---

① 张以诚、刘昭民编著:《中国近代矿业史纲要》,气象出版社2012年版。
② 王铁崖编:《中外旧约章汇编》第1册,生活·读书·新知三联书店1957年版。
③ 同上。

六条规定俄国将中东铁路南段旅顺、长春间及一切支线与沿线附属财产特权,一律让渡予日本。由此日本继承了俄国于中国的矿权。日本获取抚顺、烟台采矿权后,两个煤矿的产量大幅提升。日本经营之初,日产煤仅300吨左右,公司工人约360人;至1926年,年产量已是600万吨,职工达到了52000余人,其中绝大多数是中国人;至1936年年产量达到了900万吨。抚顺煤矿产量占东北煤产量的77%,占全国的30%,30余年间,日本从抚顺掠夺煤炭12000余万吨,其中相当部分直接运往日本。抚顺煤矿是日本在东北掠夺煤炭资源的一个缩影,东北被称为日本"生命线"的原因可见一斑。① 1915年1月,日本向北洋政府袁世凯提出了臭名昭著的"二十一条",其中第二、五条强迫中国承认日本在"南满"、内蒙古东部和福建等地拥有采矿权。

图9-11 1927年前后的抚顺煤矿②

---

① 张以诚、刘昭民编著:《中国近代矿业史纲要》,气象出版社2012年版。
② 南"满洲"铁道株式会社社长情报课:《满洲写真帖》,中日文化交流协会1927年版。

第九章　路　矿

图 9-12　抚顺煤矿烟台矿①

法国、比利时等国也未缺席。1895 年 6 月签订的中法《续议商务专条附章》中规定:"中国将来在云南、广西、广东开矿时,可先向法国厂商和矿师人员商办。"②同时规定:"其开采事宜仍遵中国本土矿权章程办理。"这个章程开了外国干预中国矿业的先例。法国还自诩"还辽有功",以此为借口掠夺中国矿产,1899 年取得了四川、重庆的六处煤铁矿的开采权,1900 年伙同比利时一道取得了京汉铁路沿线的开采权。此外,法国还在云南、湖北等地开办煤矿。

二、 近代铁路与中外条约

近代,铁路这种全新的交通方式开始展现于中国人眼前。铁路是西方第一次工业革命后的成果,自 1825 年斯蒂芬森发明蒸汽机车"运

---

① 烟台矿在今辽宁辽阳灯塔市。该图为抚顺明信片,反映当时的城市风貌、工矿企业等内容。来源于:http://blog.163.com/fjljr@126/blog/static/17070298620133186930843/。

② 王铁崖编:《中外旧约章汇编》第 1 册,生活·读书·新知三联书店 1957 年版。

209

动号"起，西方各国皆开始大力发展以铁路为主的交通事业。铁路运输运量大、速度快、运价低、受天气影响小。1840年前后，中国通过西方传教士开始认知火车，郭实腊的《贸易通志》、林则徐的《四洲志》、魏源的《海国图志》和徐继畬的《瀛寰志略》等著作皆对铁路、火车作了介绍。近代较早提议兴建铁路的人是太平天国干王洪仁玕，他提出："兴车马之利，以利便轻捷为妙。倘有能造外邦火轮车，一日夜能行七八千里者，准自传其利，限满准他人所做，若彼愿公于世，亦禀准遵行，免生别弊。"①洪仁玕曾在香港生活了四年，对于西方先进科技有着领先于时人的看法，其提议可谓符合当时所需。然而，太平天国运动本身是无力去支持该想法的，而这种想法也无法引起清王朝的注意。②

19世纪50年代英、美、法等列强为扩大倾销商品、扩张势力、掠夺矿产资源等目的，开始谋求在中国修筑铁路。1858年，英国人图谋修筑滇缅铁路，并擅自派出勘探队，被云南军民阻止。1863年，三国代表向时任江苏巡抚李鸿章提出申请，要求修筑苏州至上海的铁路，遭到拒绝。1864年，英国人斯蒂文生建议清政府修筑四条铁路干线，以构建覆盖全国的铁路网，又被拒绝。③ 1865年，英国人在北京城外修筑了一小段试验性的小铁路，引起清政府极大震动，勒令其拆除。④ 顽固保守、愚昧落后的清政府恐惧新事物，认识不到铁路的积极意义，一直拒绝修筑铁路。

1872年，英国人谎称修筑马路，擅自在上海修筑吴淞铁路，1876

---

① 中国史学会主编：《中国近代史资料丛刊·太平天国（二）》，上海人民出版社1957年版。
② 杨勇刚编著：《中国近代铁路史》，上海书店出版社1997年版。
③ 同上。
④ 周辉湘：《重评淞沪铁路之兴废》，《衡阳师专学报（社会科学）》1988年第2期，第57—61页。

年 6 月上海至江湾段建成,开通运营(图 9-13)。清朝官员和群众对此新事物极为恐惧,引起轩然大波。最后,清政府与英商签订《收赎吴淞铁路条款》,规定清政府以 285000 两白银赎买吴淞铁路一切器具。①条款订立后,吴淞铁路被拆毁,路轨与器件运往台湾。20 多年后,清政府沿原有线路,重新修筑吴淞铁路,于 1898 年通车。英国人以欺骗方式擅自修筑吴淞铁路,确实侵犯了中国主权,但清政府一味抗拒铁路这一革命性的新事物,也迟滞了国家发展和社会进步的步伐。

图 9-13　1876 年中国第一条铁路——吴淞铁路开通②

随着洋务运动的兴起,中国对于西方世界的了解不断加深,建设铁路的议题又一次被提出,以李鸿章为首的洋务派大臣意识到铁路的重要之处,开始提议修筑铁路。1879 年,西方考察归国的洋务派郭嵩焘

---

① 周辉湘:《重评淞沪铁路之兴废》,《衡阳师专学报(社会科学)》1988 年第 2 期,第 57—61 页。
② 苟艳红:《上海城轨脚下老铁路的故事——吴淞铁路始末》,《铁道知识》2007 年第 4 期,第 33—35 页。

撰写《铁路议》《铁路后议》等文,力主修建铁路。而薛福成、王韬等具有先进思想的改良人士也开始积极进言,包括维新派康有为也在"公车上书"中提议修筑铁路。① 1909 年,詹天佑主持修建的京张铁路建成通车,完全由中国人自主设计、修建的首条铁路宣告诞生(图 9-14)。

图 9-14　1912 年 9 月孙中山视察京张铁路②

孙中山是中国铁路事业的重要推动者。早在 1894 年,孙中山就上书李鸿章,认为铁路为"富强之大经,治国之大本","所谓货能畅其流者,在关卡之无阻碍,保商之有善法,多轮船铁道之载运也"。③ 1912 年 4 月,孙中山卸任中华民国临时大总统,任全国铁路督办。自 1912 年至 1917

---

① 杨勇刚编著:《中国近代铁路史》,上海书店出版社 1997 年版。
② 赖某深编著:《孙中山画传》,岳麓书社 2007 年版。
③ 孙中山:《上李鸿章书》,中国社科院近代史所等编:《孙中山全集》第 1 卷,中华书局 1981 年版。

年,孙中山发表了大量关于铁路的论著,形成了较为完善的铁路思想,①并提出了"交通乃实业之母,而铁路为交通之母"②的著名论述。孙中山在其著作《实业计划》之中,论述了铁路建设的蓝图,绘制了《铁路计划总图》(图 9-15)。关于借债筑路,他一方面认可其为国情所需,亦符合世界潮流,然而另一方面,他认为当以国家主权为先,"直接批归外人承办,限年无偿收回"③是较有利的办法。在孙中山的倡导下,各地铁路机构和组织纷纷成立,民国初年,中国一度出现了筑路热潮。但这一热潮只如昙花一现,在袁世凯的独裁统治和国外势力的干涉下,很快消失。

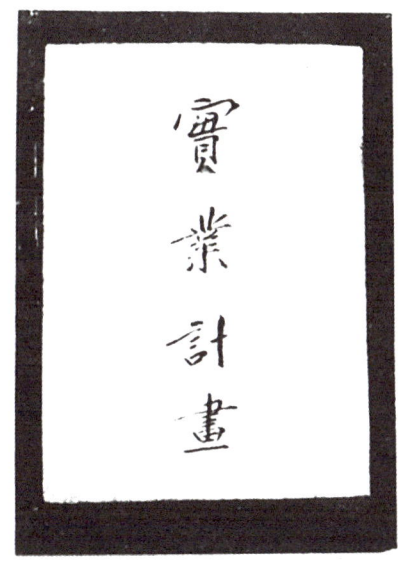

图 9-15　孙中山《实业计划》封面④

① 杨勇刚编著:《中国近代铁路史》,上海书店出版社 1997 年版。
② 孙中山:《在〈民立报〉与中国记者的谈话》(1912 年 6 月 25 日),中国社科院近代史所等编:《孙中山全集》第 2 卷,中华书局 1981 年版。
③ 孙中山:《在济南记者招待会上的谈话》(1912 年 9 月 27 日),中国社科院近代史所等编:《孙中山全集》第 2 卷,中华书局 1981 年版。
④ 高韬编,黄晨光等绘画:《中国铁路史画(1876—1995)》,中国铁道出版社 1996 年版。

随着开平煤矿的兴建,铁路建设再次被提上日程。为了方便开平煤矿的运输,开平煤矿总办唐廷枢向李鸿章提议:"欲使开平之煤大利,以夺洋煤之利,及体恤职局轮船,多得回头载脚十余万两,苟非由铁路运煤诚恐终难振作。"①唐廷枢主张修筑一条开平至涧河口的铁路,次年又禀李鸿章:"若煤铁并运,即须自筑铁路,方可大见利益。"②这一极具创见的意见,终于得到了李鸿章的首肯,但为避朝臣议论,仍声明煤铁以驴马拖载,此提案方得通过。

1881年6月唐胥铁路动工,11月通车,全长10公里,轨距1.435米,火车头为英国工程师金达设计的蒸汽机车。唐胥铁路开中国自建铁路先河,促成了开平煤矿的建设和运行(图9-16、图9-17、图9-18、图9-19)。之后为了避免煤铁转运至运河,1886年成立的开平铁路

图9-16 开平煤矿一号坑与唐胥铁路③

---

① 唐廷枢:《察勘开平煤铁矿务并呈条陈情形禀》,中国史学会主编:《洋务运动》第7册,上海人民出版社1961年版。
② 唐廷枢:《请开采开平煤铁及兴办铁路禀》,中国史学会主编:《洋务运动》第7册,上海人民出版社1961年版。
③ 开滦国家矿山公园网站,http://www.kailuanpark.cn/park.php。

公司开始商议拓展唐胥铁路,将其延展至芦台,全长 42.5 公里,称唐芦铁路。其后 1888 年津沽铁路也修筑完成。

图 9-17　开平煤矿早期机车①

图 9-18　晚清唐胥铁路②

---

① 开滦国家矿山公园网站,http://www.kailuanpark.cn/park.php。
② 同上。

近代中外条约图志

图 9-19　李鸿章视察唐胥铁路①

1895年中日《马关条约》签订，西方列强趁中国偿还对日赔款之际，向清政府施压，攫取中国路权。西方列强提出借款给清政府，以修筑铁路，至1900年共取得总里程达上万公里的铁路修筑权，主要有：津芦、芦汉、关东、沪宁、津浦、粤汉、东省、胶济、滇越铁路等。

芦汉铁路的借款对象是比利时，张之洞认为"比系小国，不干预他事，较诸大国为胜"②。1897年，盛宣怀与比利时签订了《芦汉铁路借款草合同》，借款450万英镑，期限30年，以铁路抵押，办理铁路之权归中国铁路总公司，比利时派一员为监察，并遴选外国工匠。③ 这一份合同看似宽松，然而比利时在合同签订后开始抬高价码，增加条件。1895年6月26日，盛宣怀与比利时代表俞贝德于上海签订《芦汉铁路比国借款续订详细合同》及《芦汉铁路行车合同》。芦汉铁路分南北两段开

---

① 高韬编，黄晨光等绘画：《中国铁路史画（1876—1995）》，中国铁道出版社1996年版。
② 张之洞：《张之洞致盛宣怀电》（光绪二十三年二月十六日），宓汝成编：《近代中国铁路史资料》上册，文海出版社1977年版。
③ 杨勇刚编著：《中国近代铁路史》，上海书店出版社1997年版。

工,1905 年 11 月黄河大桥建成,次年 4 月全线通车,改称京汉铁路(图 9-20、图 9-21、图 9-22)。

图 9-20　为修建芦汉铁路,打开北京西城墙①

图 9-21　刚建成通车的芦汉铁路,列车经过北京城②

图 9-22　1906 年 4 月京汉铁路竣工牌匾③

---

① [德]穆默图,程玮译,闵杰编撰:《德国公使照片日记(1900—1902)》,福建教育出版社 2016 年版。
② 同上。
③ 高韬编,黄晨光等绘画:《中国铁路史画(1876—1995)》,中国铁道出版社 1996 年版。

伴随着芦汉铁路的修筑,清政府决议筹办粤汉铁路,使南北干路一气贯通。1898年1月,张之洞、盛宣怀等人会奏速办粤汉铁路,主张借款修筑。1898年4月,伍廷芳代表清政府与美国华美合兴公司代理人柏许在华盛顿签订《粤汉铁路借款草合同》,借款400万英镑,期限50年,以铁路为抵押,借款期间,铁路行车事宜由合兴公司负责。合兴公司有添建支路和开办铁路学校之权,还附带拥有开采粤汉铁路附近地方矿业之权。① 然而美西战争很快爆发,勘路和订正合同的事宜也被搁置。1899年,美方要求提高建造费用、增修支线等,1900年,伍廷芳与美方在华盛顿签署《粤汉铁路借款详细合同》,借款增至4000万美元,美国借此夺得了粤汉铁路的管理权。但合兴公司筹资困难,违约将股份转让给比利时。1904年5月,盛宣怀提出粤汉铁路收回自办,1905年中美双方签订《收回粤汉铁路美国合兴公司售让合同》。② 粤汉铁路的建设断断续续,直到1936年6月方全面竣工,粤汉铁路全线贯通(图9-23)。

1890年,清政府决议修筑关东铁路。1891年5月关东铁路动工修建,关内段尚属顺利,然而关外段则障碍重重。1894年中日甲午战争爆

图9-23　粤汉铁路某车站③

---

① 宓汝成编:《近代中国铁路史资料》中册,文海出版社1977年版。
② 同上。
③ 高韬编,黄晨光等绘画:《中国铁路史画(1876—1995)》,中国铁道出版社1996年版。

发,关外段只好停工。此后,英国怡和洋行曾要求承办关外工程,希望将英国的势力范围扩展至东北地区,俄国得知后勃然大怒,清政府派遣胡燏棻从中调和,最后英俄两国作出声明:"此路应认为中国永远产业,无论何国不得借端侵占。"①1898年10月10日,清政府同英国签订《中英关内外铁路借款合同》,借款230万英镑,期限45年,由英国汇丰银行经营,中国国家作保,关东铁路财产、营业额及拟修之路营业额作抵押,借款期内英国人为总工程师,统揽财权。这样英国就获得了关东铁路的利权。1897年5月,关外段续修开始,1900年6月,部分路段通车。这时八国联军侵华战争爆发,沙俄派军17万占领关东铁路,1900年10月,俄国迫于压力,将关内外铁路管辖权交给英国。1901年9月,《辛丑条约》规定北京至山海关沿线12个车站准许外国驻兵。1902年中英签订《英国交还关内外铁路章程》,9月中俄签署《俄国交还关内外铁路条约》,关内外铁路收回。次年,关外段延展至新民,连通津芦、京通两段,全长895.17公里。1907年8月,关内外铁路改名为京奉铁路(图9-24、图9-25)。②

图9-24 京奉铁路北京火车站③

---

① (清)王彦威、王亮辑编:《清季外交史料》卷一三五,湖南师范大学出版社2015年版。
② 杨勇刚编著:《中国近代铁路史》,上海书店出版社1997年版。
③ Historical Chinese Postcard Project:1896-1920,中国历史明信片数据库,http://postcard.vcea.net/Browsing.php。

图9-25 京奉铁路路徽①

英国人一直将长江流域视为势力范围,且在之前争取芦汉铁路的修筑权失败后,英国一直希望获得沪宁、沪杭铁路的修筑权。1897年5月,英国公使霍必兰提出修筑沪宁、沪杭两条铁路的要求。② 1898年,盛宣怀与英国怡和洋行在上海签订《沪宁铁路借款草合同》,就向英商借款修筑沪宁铁路达成协议。后因英国国内政治因素和中国义和团运动兴起,合同搁置。直至1903年7月9日,《沪宁铁路借款合同》正式签订,设立沪宁铁路总管理处,英人充任总工程师,中英各派两人管理。1904年4月定线,次年4月开工,1908年4月1日竣工,干线全长311公里(图9-26)。

图9-26 沪宁铁路上海站③

----

① 高韬编,黄晨光等绘画:《中国铁路史画(1876—1995)》,中国铁道出版社1996年版。
② 《总署致盛宣怀电》(光绪二十四年闰三月初四日),宓汝成编:《近代中国铁路史资料》中册,文海出版社1977年版。
③ Historical Chinese Postcard Project:1896-1920,中国历史明信片数据库,http://postcard.vcea.net/Browsing.php。

第九章 路　矿

早在 1880 年，刘铭传就提出修筑一条自北京至清江的铁路以便运输漕粮，1898 年 1 月容闳提出修筑津镇铁路。1898 年 8 月，英国驻华公使窦纳乐要求承办津镇铁路，德国公使海靖闻讯也向总理衙门提出申请。9 月，英德两国代表达成协议，由两国共同承办津镇铁路，并向清政府施压。1899 年 1 月，清政府派总理衙门大臣许景澄为津镇铁路督办，5 月 18 日与英国汇丰银行及德国德华银行签订《津镇铁路借款草合同》，借款 740 万英镑，期限 50 年，造路行车事宜遵照芦汉铁路，以山东南境为界，北段归德商承办，南段归英商承办。义和团运动平息后，清政府派直隶总督袁世凯督办津镇铁路，与英德接洽正式合同，1908 年《天津浦口铁路借款合同》签订，将津镇铁路改为津浦铁路，借款 500 万英镑，其中德商占 63%，英商占 37%，期限 30 年，铁路管理权归中国国家所有。1908 年 8 月和 1909 年 1 月，北、南段分别于天津、浦口举行开工典礼。1911 年 9 月南北分段通车，1912 年黄河大桥建成，全线通车，全长 1100 公里（图9-27）。①

图 9-27　津浦铁路天津总站（今天津北站）②

---

① 杨勇刚编著：《中国近代铁路史》，上海书店出版社 1997 年版。
② 高韬编，黄晨光等绘画：《中国铁路史画（1876—1995）》，中国铁道出版社 1996 年版。

1896年6月,俄国胁迫清政府签订《中俄密约》①,获得修筑铁路的特权。同年俄国沙皇尼古拉二世加冕,李鸿章率领使团抵达圣彼得堡道贺,其间俄国提出要求修筑一条与西伯利亚铁路接轨的横跨东三省的铁路,即东省铁路(又称中东铁路,由满洲里经哈尔滨至绥芬河,另有哈尔滨至旅顺支线)。《中俄密约》规定:中国允许俄国于黑龙江、吉林修建铁路。同年9月,中俄签订《合办东省铁路公司合同》。1903年7月,东省铁路竣工通车(图9-28、图9-29、图9-30、图9-31)。

图9-28　东省铁路②

图9-29　1897年俄国驻东省铁路"护路军"③

---

① 本条约汉文本没有名字,而以开头字样称为"御敌互相援助条约",法文本称为"防御同盟条约",一般称为"中俄密约"。
② 高韬编,黄晨光等绘画:《中国铁路史画(1876—1995)》,中国铁道出版社1996年版。
③ 同上。

第九章 路 矿

图 9-30 俄国警察管辖下的东省铁路哈尔滨火车站①

图 9-31 俄国警察管辖下的东省铁路齐齐哈尔火车站②

德国是欧洲后起的帝国主义国家,但在瓜分中国路权的狂潮中,德国并没有来得太晚。甲午战争后的"干涉还辽"中,德国积极运作,希望从中国乱局中分取一份利益。1897年德国提出租借胶州湾的要求,未获

---

① 曾讲来主编:《崩溃的帝国——明信片中的晚清》,北京大学出版社2014年版。
② 同上。

223

正面回应。之后"曹州教案"发生,德国军舰强占胶州湾。中国迫于多方压力,于1898年与德国签署《胶澳租借条约》,条约规定德国可在山东境内修筑两条铁路。其一,由胶州湾经潍县、青州、博山、淄川到山东界;其二,由胶州湾经沂州、莱芜至济南。1900年,山东巡抚袁世凯与德国山东铁路公司总办锡乐巴签署《中德胶济铁路章程》。如前所述,德国有权开采铁路沿线30里内的煤炭资源。不过,清政府还是争取到了若干权益,如:胶澳租界外的铁路由山东巡抚派兵保护,且不能运送外国军队;此段铁路将来中国可以通过购买方式收回。① 胶济铁路于1899年9月兴建,但因山东义和团运动,工程一度受阻,延宕至1904年建成通车。

法国作为老牌殖民者,其势力一直盘踞于我国西南地区。早在1885年中法战争结束后,法国就获得了在中国修筑铁路的"襄办"权利,1895年中法签订《续议商务专条附章》,其中规定:越南铁路完成界,若需要延展至中国界内,则由双方商妥办法。同年9月,法使施阿兰照会总理衙门,希望修筑自越南谅山至广西龙州的铁路,1896年6月中法双方签订《龙州至镇南关铁路合同》,法国获得了该铁路的承办权以及延展越南铁路至中国境内的特权。② 1898年法国看到德俄两国在中国境内修筑铁路,4月,法国又提出在云南省境内修筑铁路的要求,得到清政府同意。1903年10月,中法两国议定《中法滇越铁路章程》,其中规定法国挑选滇越铁路公司修筑自越南河口经中国蒙自至云南省城的铁路,铁路招用法国人管理,期限80年,期满后中国有权收回铁路产权和使用权。③ 以上规定实际上使滇越铁路成了法国管理的铁路。滇越铁路的修筑分南北两段,南段自越南海防城至河内,称为越段;北段自蒙自经碧色寨至云南省城,称为滇段。越段于1901年动工,

---

① 田涛主编:《清朝条约全集》第3卷,黑龙江人民出版社1999年版。
② 宓汝成编:《近代中国铁路史资料》中册,文海出版社1977年版。
③ 杨勇刚编著:《中国近代铁路史》,上海书店出版社1997年版。

1903 年告成;滇段于 1904 年动工,1910 年 3 月完工。1910 年 4 月 1 日,滇越铁路全线通车,全长 859 公里,轨距依法制,为一米窄轨,全程多隧道(图 9-32、图 9-33、图 9-34)。

图 9-32　滇越铁路①

图 9-33　滇越铁路修筑现场②

---

① 《滇越铁路》(*Le Chemin de fer du Yunnan*),法国铁路公司 1910 年版。
② 同上。

Viaduc voûté de 3-5 m. au Km. 77.51
(Vue prise pendant la construction, en août 1907).

图 9-34　滇越铁路桥梁建设①

第一次世界大战前,德国、俄国、比利时、法国、英国等国是攫取中国路权的主力,通过借款筑路的方式,掠夺中国路权总里程达 1.4 万余公里。随着一战的爆发,欧洲各国忙于战事,无暇顾及中国事务,日本则借机疯狂在中国扩张,特别是在东北地区,修筑的铁路多数是由日本的南"满洲"铁道株式会社建造、经营或控制经营。②

南"满洲"铁道株式会社简称"满铁",设立于 1906 年 12 月。总社设于大连,分社设于东京(图 9-35)。"满铁"名义上是铁路公司,但实际上涉及颇广。日本认为"满洲的经营以修筑归于帝国权力内的铁路及开采其附属的煤矿做重点,较为得策。盖因满洲的利源应随铁路的发达而逐步开发,设若恣意着手各项事业,终将徒劳无益,关于铁路,似可根据另开原则,采取组织公司的方法予以维持"③。"满铁"成立后,不顾中国政府的反对,疯狂攫取中国路权,首先将俄国修筑的"南满"支

---

① 《滇越铁路》(*Le Chemin de fer du Yunnan*),法国铁路公司 1910 年版。
② 杨勇刚编著:《中国近代铁路史》,上海书店出版社 1997 年版。
③ 《满洲经营委员会致内阁首相的报告书》,宓汝成编:《近代中国铁路史资料》中册,文海出版社 1977 年版。

线收入其管辖治下,改建安奉铁路为标准轨,使之成为"南满"支线的一段(图 9-36、图 9-37、图 9-38)。1909 年又强取新法铁路(新民屯至法库门)、大石桥铁路(大石桥至营口)、吉长铁路延长线(延吉至朝鲜会宁)、京奉铁路延长线(皇姑屯至沈阳城根)等线路的贷款权、建筑权和经营权(图 9-39、图 9-40、图 9-41)。

图 9-35　南"满洲"铁道株式会社①

图 9-36　先后被俄国、日本控制的旅顺火车站②

① 南"满洲"铁道株式会社社长情报课:《满洲写真帖》,中日文化交流协会 1927 年版。
② 李元奇编辑:《大连旧影》,人民美术出版社 2000 年版。

图9-37 初期的安奉铁路（窄轨）①

图9-38 "满铁"将安奉铁路改建为标准轨道②

---

① 高韬编,黄晨光等绘画:《中国铁路史画(1876—1995)》,中国铁道出版社1996年版。
② 同上。

第九章　路　矿

图 9-39　吉长铁路上的永吉火车站（今吉林市）①

图 9-40　1927 年前后的长春火车站②

---

① 吉长铁路自长春府宽城子站至吉林省永吉站，全长 127.7 公里，1910 年 5 月动工，1912 年 10 月通车。高韬编，黄晨光等绘画：《中国铁路史画（1876—1995）》，中国铁道出版社 1996 年版。
② 南"满洲"铁道株式会社社长情报课：《满洲写真帖》，中日文化交流协会 1927 年版。

图 9-41　1927 年前后的奉天（沈阳）火车站①

一战中,日本宣布加入英、法、俄一方,向德、奥宣战。日本不派军队去欧洲,却派兵侵略中国山东,占领济南、青岛,德国控制的胶济铁路也被日本占据。紧接着,日本向袁世凯提出臭名昭著的"二十一条",其中包括山东、东北和内蒙古等地区多条铁路的修筑权。一战后,日本又获得了四洮、长洮、开海、吉海、洮热、吉敦等多条铁路的修筑权(图 9-42、

图 9-42　四洮铁路通车②

① 南"满洲"铁道株式会社社长情报课:《满洲写真帖》,中日文化交流协会 1927 年版。
② 四洮铁路自"南满"铁路的四平起至洮南府,全长 312.1 公里,其中四郑段 1917 年 4 月动工,11 月完工;郑洮段 1923 年 4 月动工,10 月完工。高韬编,黄晨光等绘画:《中国铁路史画(1876—1995)》,中国铁道出版社 1996 年版。

图 9-43、图 9-44)。不仅如此,东三省官商合办铁路也遭到了"满铁"的干涉。"满铁"通过攫取中国东北路权,为后来日本侵略中国东北和全面侵华作了铺垫。

图 9-43　吉敦铁路筑路工人居住的简易帐篷①

图 9-44　日本对铁路桥梁的夜间警备②

---

① 吉敦铁路自吉林至敦化,全长 210.5 公里,1926 年 6 月动工,1928 年 10 月完工。高韬编,黄晨光等绘画:《中国铁路史画(1876—1995)》,中国铁道出版社 1996 年版。
② 松村源吉编:《全满洲名胜写真贴》,松村好文堂 1937 年版。

第十章 驻 军

近代外国列强凭借不平等条约攫取在华驻军的特权,在中国领土上驻泊军舰、派驻军队、建设兵营,严重侵犯中国主权,且遗患无穷。

近代外国军舰在华驻泊的条约依据,可以追溯到1843年中英《虎门条约》。该条约规定,英国官船可以在中国通商口岸驻泊(图10-1),为英国军舰驻泊埋下伏笔。

1844年,中美《望厦条约》关于外国军舰在华驻泊方面,大大突破了中英《虎门条约》关于英国可在通商口岸驻泊一艘官船的规定。《望厦条约》规定:美国军舰可至中国各通商口岸巡查贸易(图10-2),开了外国军舰可以在通商口岸常年驻泊的恶例,其他列强依据片面最惠国待遇也一体均沾这一特权(图10-3)。

1898年,以德国强租山东胶澳地区为开端,清政府被迫将胶澳、旅大(辽东半岛)、九龙(新界)、威海卫和广州湾租给德、俄、英、法等国,租期分别是99年、25年、99年、25年和99年,并允许这些国家在上述租借地驻军(图10-4、图10-5)。

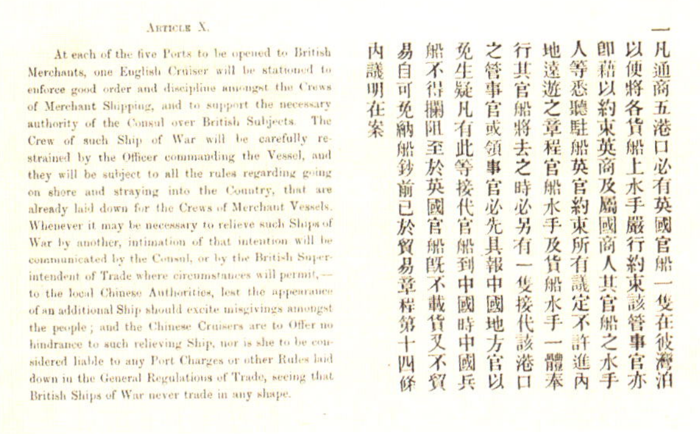

ARTICLE X.

At each of the five Ports to be opened to British Merchants, one English Cruiser will be stationed to enforce good order and discipline amongst the Crews of Merchant Shipping, and to support the necessary authority of the Consul over British Subjects. The Crew of such Ship of War will be carefully restrained by the Officer commanding the Vessel, and they will be subject to all the rules regarding going on shore and straying into the Country, that are already laid down for the Crews of Merchant Vessels. Whenever it may be necessary to relieve such Ships of War by another, intimation of that intention will be communicated by the Consul, or by the British Superintendent of Trade where circumstances will permit,— to the local Chinese Authorities, lest the appearance of an additional Ship should excite misgivings amongst the people; and the Chinese Cruisers are to Offer no hindrance to such relieving Ship, nor is she to be considered liable to any Port Charges or other Rules laid down in the General Regulations of Trade, seeing that British Ships of War never trade in any shape.

一凡通商五港口必有英國官船一隻在彼灣泊以便將各貨船上水手嚴行約束該管事官亦即藉以約束英商及屬國商人其官船之水手人等悉聽駐船英官約束所有議定不許進內地遠遊之章程官船水手及貨船水手一體奉行其官船將去之時必另有一隻接代該港口之管事官或領事官必先具報中國地方官以免生疑凡有此等接代官船到中國時中國兵船不得攔阻至於英國官船既不載貨又不貿易自可免納船鈔前已於貿易章程第十四條內議明在案

图 10-1 1843 年中英《虎门条约》第 10 条规定，英国官船可以在中国通商口岸驻泊①

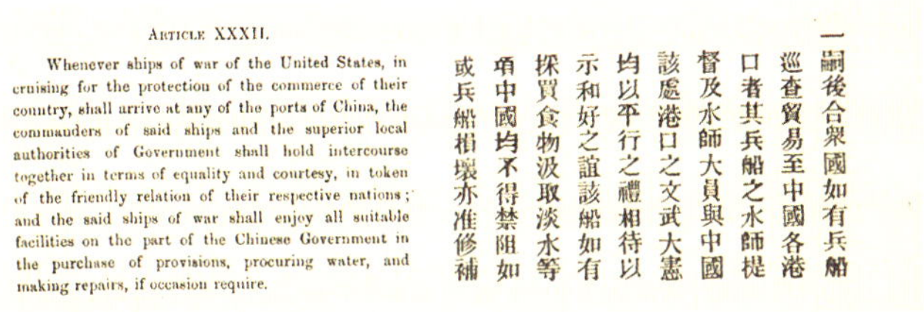

ARTICLE XXXII.

Whenever ships of war of the United States, in cruising for the protection of the commerce of their country, shall arrive at any of the ports of China, the commanders of said ships and the superior local authorities of Government shall hold intercourse together in terms of equality and courtesy, in token of the friendly relation of their respective nations; and the said ships of war shall enjoy all suitable facilities on the part of the Chinese Government in the purchase of provisions, procuring water, and making repairs, if occasion require.

一嗣後合衆國如有兵船巡查貿易至中國各港口者其兵船之水師提督及水師大員與中國該處港口之文武大憲均以平行之禮相待以示和好之誼該船如有採買食物汲取淡水等項中國均不得禁阻如或兵船損壞亦准修補

图 10-2 1844 年中美《望厦条约》第 32 条规定，美国军舰可在中国通商口岸巡查贸易②

① In: *China Imperial Maritime Customs*, Ⅲ Miscellaneous Series, No. 30. Treaties, Conventions etc. between China and foreign states, Vol. 1. the Statistical Department of the Inspectorate General of Customs, 1908. 中文原文如下:“凡通商五港口,必有英国官船一只在彼湾泊,以便将各货船上水手严行约束,该管事官亦即藉以约束英商及属国商人。其官船之水手人等悉听驻船英官约束,所有议定不许进内地远游之章程,官船水手及货船水手一体奉行。其官船将去之时,必另有一只接代,该港口之管事官或领事官必先具报中国地方官,以免生疑;凡有此等接代官船到中国时,中国兵船不得拦阻,至于英国官船既不载货,又不贸易,自可免纳船钞,前已于贸易章程第十四条内议明在案。”

② Treaty of Wang-Hea, 1844. In: *China Imperial Maritime Customs*, Ⅲ Miscellaneous Series, No. 30. Treaties, Conventions etc. between China and foreign states, Vol. 1. the Statistical Department of the Inspectorate General of Customs, 1908. 中文原文如下:“嗣后合众国如有兵船巡查贸易至中国各港口者,其兵船之水师提督及水师大员与中国该处港口之文武大宪均以平行之礼相待,以示和好之谊;该船如有采买食物、汲取淡水等项,中国均不得禁阻,如或兵船损坏,亦准修补。”

图 10-3　1883年前后外国军舰在天津入坞检修①

图 10-4　德国海军在胶澳地区建设兵营②

① Anonymous,"Foreign Gunboats Laid Up in Winter at Tien-tsin, North China", *the Illustrated London News*, Sep. 29, 1883-316/317. 参见黄时鉴编著:《维多利亚时代的中国图像》,上海辞书出版社2008年版。
② 曾讲来主编:《崩溃的帝国——明信片中的晚清》,北京大学出版社2014年版。

第十章　驻　军

图 10-5　威海卫英国军营①

1898年中德《胶澳租界条约》规定德国在胶澳租借地有驻军权："德国于所租之地应盖炮台等事，以保地栈各项、护卫澳口。"1914年第一次世界大战爆发，日本取代德国，强占胶澳地区，继续在这里驻军（图10-6）。

图 10-6　德国和日本强占胶澳地区时期（1898—1922）的兵营②

1898年中俄《旅大租地条约》也规定了俄国的驻军权："俄国认在所租之地，而旅顺大连湾两口为尤要，备资自行盖造水、陆各军所需处

---

① 中国人权发展基金会、中国第一历史档案馆编：《外国人镜头中的八国联军——辛丑条约百年图志》，外文出版社2001年版。
② 曾讲来主编：《崩溃的帝国——明信片中的晚清》，北京大学出版社2014年版。

235

所,建筑炮台,安置防兵,总设所需各法,藉以著实御侮。"1905年日俄战争,俄国战败,与日本签订《朴茨茅斯条约》,俄国将旅大租借地转让给日本。同年中日签订《中日会议东三省事宜正约》,承认了《朴茨茅斯条约》。日本因而获得在旅大租借地的驻军权,直到抗日战争日本战败,旅大地区才回归中国。

1898年中英《展拓香港界址专条》虽然没有明文规定,但实际上默认了英国在香港的驻军权,该条约相关条款如下:"所有现在九龙城内驻扎之中国官员,仍可在城内各司其事,惟不得与保卫香港之武备有所妨碍……又议定,在所展界内,不可将居民迫令迁移,产业入官,若因修建衙署、筑造炮台等,官工需用地段,皆应从公给价。"新界与先行割让给英国的香港岛及九龙半岛南部联成一体,而且英国占据香港地区直到1997年,因此英国在该地区享有的驻军权是最长的。

1898年中英《订租威海卫专条》规定了英国在威海卫的驻军权:"(英国)在格林尼治东经一百二十一度四十分之东沿海暨附近沿海地方,均可择地建筑炮台、驻扎兵丁,或另设应行防护之法。"

1899年中法《广州湾租界条约》规定了法国在广州湾的驻军权:"在租界之内,法国可筑炮台,驻扎兵丁,并设保护武备各法。"

《辛丑条约》在驻军问题上的规定更为荒谬,该条约第八款规定:"大清国国家应允将大沽炮台及有碍京师至海通道之各炮台一律削平。"第九款又规定:"中国国家应允由诸国分应主办,会同酌定数处留兵驻守,以保京师至海通道无断绝之处。今诸国驻防之处,系黄村、郎坊、杨村、天津军粮城、塘沽、芦台、唐山、滦州、昌黎秦皇岛、山海关。"也就是说,中国要拆除京津一线所有炮台,而外国军队则要驻扎北京、天津至山海关一带各处军事要地,中国的国家尊严就这样被东西方列强肆意践踏(图10-7、图10-8、图10-9)。列强纷纷把最庞大的驻军驻扎在天津,军营大多设在租界(图10-10)。特别是日本,在天津租界驻军,天津租界成为其日后发动侵华战争的重要军事基地(图10-11)。

第十章 驻　军

图 10-7　1900 年前后的天津大沽炮台废墟①

图 10-8　1901 年前后德军驻扎在卢沟桥②

---

① 中国人权发展基金会、中国第一历史档案馆编：《外国人镜头中的八国联军——辛丑条约百年图志》，外文出版社 2001 年版。
② ［德］穆默图，程玮译，闵杰编撰：《德国公使照片日记(1900—1902)》，福建教育出版社 2016 年版。

图 10-9　20世纪初驻扎在山海关的日本军队①

图 10-10　天津租界的意大利军营②

① 中国人权发展基金会、中国第一历史档案馆编:《外国人镜头中的八国联军——辛丑条约百年图志》,外文出版社2001年版。
② 天津市档案馆、天津市河北区档案馆主编:《旧天津意奥租界故事》,天津人民出版社2011年版。

第十章　驻　军

图 10-11　天津租界的日本军营①

---

① 上海市历史博物馆等编:《中国的租界》,上海古籍出版社 2004 年版。

第十一章　关于中国向外国道歉、惩办高级官员的条款

近代中外不平等条约中还有一些关于中国向外国道歉、惩办高级官员等内容的条款。这类条款尤以1901年《辛丑条约》为甚,不仅侵犯中国司法主权,而且严重侮辱中国国家尊严。

1900年八国联军侵华,无数清军官兵和义和团成员惨遭屠戮(图11-1)。1901年,清政府代表奕劻、李鸿章被迫与德国、奥匈帝国、比利时、日本、美国、法国、英国、意大利、俄国、西班牙和荷兰11国代表在北京签订丧权辱国的《辛丑条约》,亦称《辛丑各国和约》或《辛丑议定书》。

八国联军非但不用为其肆无忌惮屠杀中国军民承担责任,还规定中国必须严惩在义和团运动和八国联军侵华战争中支持义和团、对抗八国联军的清朝皇族和一大批高级官员。

《辛丑条约》第二款规定:"惩办伤害诸国国家及人民之首祸诸臣。将西历本年二月十三、二十一等日即中历上年十二月二十五日、本年正月初三等日,先后降旨,所定罪名,开列于后(附件四、五、六)。端郡王载漪,辅国公载澜,均定斩监候罪名,又约定如皇上以为应加恩贷其一死,即发往新疆永远监禁,永不减免;庄亲王载勋,都察院左都御史英年,刑部尚书赵舒翘,均定为赐令自尽;山西巡抚毓贤,礼部尚书启秀,刑部左侍郎徐承煜,均定为即行正法;协办大学士吏部尚书刚毅,大学士徐桐,前四川总督李秉衡,均已身死,追夺原官,即行革职。"

第十一章　关于中国向外国道歉、惩办高级官员的条款

图 11-1　八国联军屠杀义和团[1]

根据这一条款,清朝皇族端郡王载漪,辅国公载澜"发往新疆永远监禁,永不减免"。载漪被发往新疆伊犁,长期流亡于西北地区,载澜长年幽居在新疆乌鲁木齐(图 11-2、图 11-3)。1907 年底,法国探险家伯希和一行途经乌鲁木齐时与载澜交往颇多。据伯希和记述,被流放的载澜性格开朗,醉心于摄影,以消磨无聊的时光。

---

[1] 李红利、赵丽莎编译:《遗失在西方的中国史:法国〈小日报〉记录的晚清 1891—1911》,北京时代华文书局 2015 年版。

图 11-2　义和团与德军激战。端郡王载漪（右上角）力主依靠义和团抵抗列强，被"发往新疆永远监禁，永不减免"①

图 11-3　《辛丑条约》签订后，被发往新疆的载澜②

---

① 曾讲来主编：《崩溃的帝国——明信片中的晚清》，北京大学出版社 2014 年版。
② ［法］伯希和等著，耿昇译：《伯希和西域探险记》，人民出版社 2011 年版。

同为清朝皇族的庄亲王载勋则被"赐令自尽",此外还有众多高级官员被处死(图 11-4)。这些皇族和高级官员被处死,是对清王朝国家尊严的羞辱,是对中国司法主权的侵犯。皇族、高级官员尚且如此,义和团和普通百姓更是被视如草芥,任意屠杀(图 11-5、图 11-6)。中国的国家尊严,就这样被肆意践踏。

图 11-4　山西巡抚毓贤,《辛丑条约》签订后被斩首①

图 11-5　北京某街头刑场②

---

① 中国人权发展基金会、中国第一历史档案馆编:《外国人镜头中的八国联军——辛丑条约百年图志》,外文出版社 2001 年版。
② 同上。

图 11-6　日军在清军和其他国家军队面前残杀义和团①

《辛丑条约》第一款规定:"一、大德国钦差男爵克大臣被戕害一事,前于西历本年六月初九日即中历四月二十三日,奉谕旨亲派醇亲王载沣为头等专使大臣,赴大德国大皇帝前,代表大清国大皇帝暨国家惋惜之意。醇亲王已遵旨于西历本年七月十二日即中历五月二十七日,自北京起程。二、大清国国家业已声明,在遇害该处所竖立铭志之碑,与克大臣品位相配,列叙大清国大皇帝惋惜凶事之旨,书以拉丁、德、汉各文。前于西历本年七月二十二日即中历六月初七日,经大清国钦差全权大臣文致大德国钦差全权大臣(附件三)。现于遇害处所建立牌坊一座,足满街衢,已于西历本年六月二十五日即中历五月初十日兴工。"

《辛丑条约》第一款规定清政府以极高的规格,向在八国联军侵华之役中被中国军队击毙的德国驻华公使克林德谢罪、致祭。光绪帝被迫委派其亲弟弟——醇亲王载沣,赴德向德皇谢罪,并在克林德殒命处建立一座极尽奢华的纪念牌坊,由载沣代表光绪帝致祭(图 11-7、图 11-8、图 11-9)。中国的国家尊严遭到极大羞辱。

---

① 曾讲来主编:《崩溃的帝国——明信片中的晚清》,北京大学出版社 2014 年版。

第十一章　关于中国向外国道歉、惩办高级官员的条款

图 11-7　德国公使克林德被击毙①

图 11-8　克林德墓②

图 11-9　克林德牌坊③

---

① 李红利、赵丽莎编译:《遗失在西方的中国史:法国〈小日报〉记录的晚清 1891—1911》,北京时代华文书局 2015 年版。
② [德]穆默图,程玮译,闵杰编撰:《德国公使照片日记(1900—1902)》,福建教育出版社 2016 年版。
③ 北京大学图书馆编:《烟雨楼台——北京大学图书馆藏西籍中的清代建筑图像》,中国人民大学出版社 2008 年版。

结语　不平等条约的废除

自《南京条约》以来,中国遭受不平等条约日益严密的束缚,列强在中国攫取大量非法利益和特权,中国国家主权遭到日益严重的侵犯,民族危机愈益深重。衰落和腐朽的清王朝深陷不平等条约的桎梏,任人宰割,回天乏术。

1906年,以孙中山为首的同盟会革命党人(图12-1),在深刻理解国家主权平等原则的基础上,提出"不平等条约"概念。①

图12-1　1906年孙中山在新加坡与同盟会部分会员合影②

---

① 张建华:《孙中山与不平等条约概念》,《北京大学学报(哲学社会科学版)》2002年第2期,第115—122、130页。
② 赖某深编著:《孙中山画传》,岳麓书社2007年版。

结语　**不平等条约的废除**

1911年清王朝被推翻,1912年中华民国成立,中国历史进入新时期(图12-2)。令人遗憾的是,中华民国南京临时政府承认了清朝签订的不平等条约。《中华民国布告各友邦书》写道:"凡革命以前,所有满政府与各国缔结之条约,民国均认为有效。至于条约期满而止。其缔结于革命起事以后者则否。"

图12-2　1912年1月,临时大总统孙中山召开第一次内阁会议,南京临时政府宣告成立①

南京临时政府的这一立场,固然是出于革命策略和现实斗争的需要,避免列强干涉中国革命,促成列强对新政权的承认。不过,南京临时政府这种软弱和妥协的姿态并未赢得列强的承认。②

直到20世纪20年代,中国国民党才在1923年《中国国民党宣言》和1924年《中国国民党第一次全国代表大会宣言》等政治文件中正式

---

① 赖某深编著:《孙中山画传》,岳麓书社2007年版。
② 王建朗:《中国废除不平等条约的历史考察》,《历史研究》1997年第5期,第5—19页。

提出废除不平等条约(图12-3)。① 不过当时国民党仅控制华南一隅,无法实现这一愿景。1925年3月,孙中山先生逝世,在其遗嘱之中仍对废除不平等条约念兹在兹,嘱托:"最近主张开国民会议及废除不平等条约,尤须于最短期间促其实现。"(图12-4)

图12-3　中国国民党第一次全国代表大会②

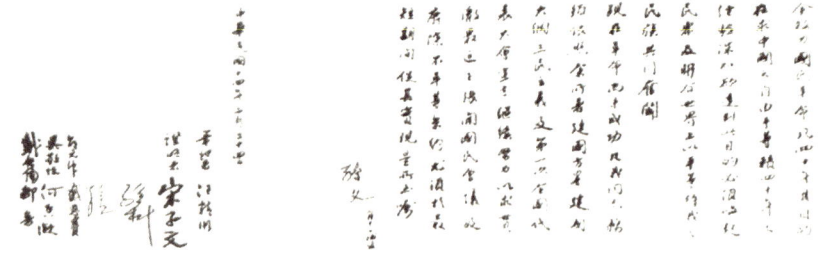

图12-4　孙中山先生遗嘱③

---

① 张建华:《孙中山与不平等条约概念》,《北京大学学报(哲学社会科学版)》2002年第39期,第115—122、130页。
② 赖某深编著:《孙中山画传》,岳麓书社2007年版。
③ 同上。

1912年2月,南京临时政府解散。袁世凯于1912年3月在北京就任临时大总统,1913年10月,就任中华民国大总统(图12-5)。袁世凯政府承认了与列强签订的不平等条约。袁世凯在大总统就职演说中宣示:"所有前清政府及中华民国临时政府与各外国政府所订条约、协约、公约必应恪守……各外国人民在中国按国际契约及国内法律并各项成案、成例已享之权利并特权、豁免各事,亦切实承认。"

图12-5　1913年10月,袁世凯在北京就任中华民国大总统后会见各国使节①

第一次世界大战爆发,本来为中国废除不平等条约带来了契机,但袁世凯政府没有废除任何不平等条约,还迫于日本压力于1915年5月9日宣布承认了日本提出的欲全面殖民中国的"二十一条"部分条款,史称"五九国耻"。同月,中日正式签订《民四条约》,中国接受了"二十一条"大部分条款,使得日本大肆侵占中国国家主权,特别是山东、东北、内蒙古和福建等地的主权(图12-6)。

---

① 万仁元主编:《袁世凯与北洋军阀》,台湾商务印书馆1994年版。

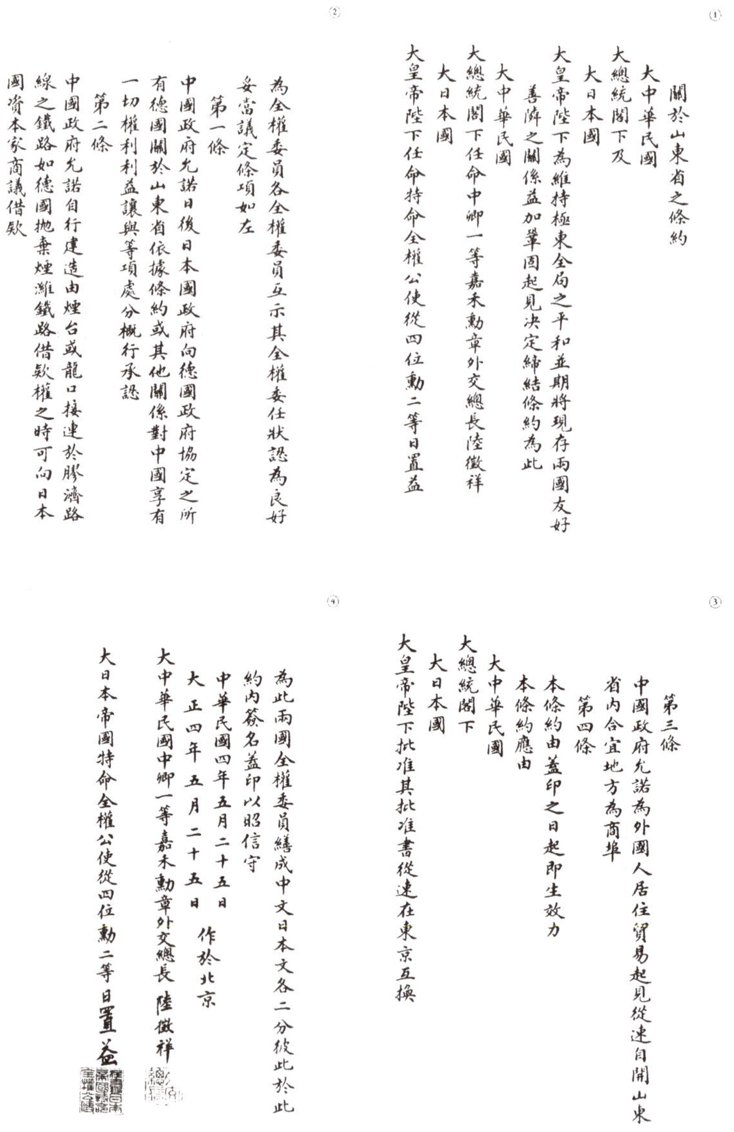

②
關於山東省之條約

大中華民國
大總統閣下及
大日本國
大皇帝陛下為維持極東全局之平和並期將現存兩國友好善鄰之關係益加鞏固起見決定締結條約為此
大中華民國
大總統閣下任命中卿一等嘉禾勳章外交總長陸徵祥
大日本國
大皇帝陛下任命全權公使從四位勳二等日置益

②
為全權委員各全權委員互示其全權委任狀認為良好安當議定條項如左
第一條
中國政府允諾日後日本國政府向德國政府協定之所有關於山東省依據條約或其他關係對中國享有一切權利利益讓與等項處分概行承認
第二條
中國政府允諾自行建造由煙台或龍口接連於膠濟路線之鐵路如德國拋棄煙濰鐵路借款權之時可向日本國資本家商議借款

③
第三條
中國政府允諾為外國人居住貿易起見從速自開山東省內合宜地方為商埠
第四條
本條約由蓋印之日起即生效力
本條約應由
大中華民國
大總統閣下
大日本國
大皇帝陛下批准其批准書從速在東京互換

④
為此兩國全權委員繕成中文日本文各二分彼此於此約內簽名蓋印以昭信守
中華民國四年五月二十五日 作於北京
大正四年五月二十五日
大中華民國中卿一等嘉禾勳章外交總長 陸徵祥
大日本帝國特命全權公使從四位勳二等 日置益

图 12-6 中日《民四条约》一部分——《关于山东省之条约》①

不过,袁世凯的继任者则为废除不平等条约作出了积极努力,并取得了一定的进展。第一次世界大战期间,北京政府于1917年宣布断绝

---

① 台北故宫博物院藏。

同德国和奥匈帝国的外交关系,并向其宣战,废除了德、奥在华特权。

第一次世界大战结束,中国成为战胜国,对废除不平等条约寄予厚望(图12-7)。1919年巴黎和会,北京政府中国代表团向和会提交了《中国希望条件说帖》,正式系统提出了中国希望废除外国人在华特权的要求。另外,中国代表团还提出《废除1915年中日协定说帖》,要求废除中日《民四条约》。巴黎和会最高会议复函中国代表团,表示"充量承认此项问题之重要,但不能认为在和平会议权限以内,拟请俟国际联合会行政部能行使职权时,请其注意"[①]。中国的

图12-7　1918年11月第一次世界大战结束,北京政府徐世昌总统在太和殿主持胜利阅兵[②]

[①] 王建朗:《中国废除不平等条约的历史考察》,《历史研究》1997年第5期,第5—19页。
[②] 邢文军、陈树君:《风雨如磐:西德尼·D.甘博的中国影像1917—1932》,长江文艺出版社2015年版。

诉求被排除在巴黎和会议程之外。中国未能实现修约目标,但第一次把修改不平等条约的诉求昭告全世界,从此开启了漫长的废除不平等条约的征程。

巴黎和会讨论了对德国和原奥匈帝国的和约问题。中奥之间的协商进展较为顺利,1919年9月、1920年6月,《协商及参战各国与奥地利间之和平条约》《协商及参战各国与匈牙利间之和平条约》先后成功签署(图12-8、图12-9)。中国首次实现对列强修正不平等条约,重新订立平等新约。但是巴黎和会在对德和约草案中,拒绝将德国在中国山东的特权归还中国,而欲将其转交给日本。中国代表团作了艰苦努力,先后提出多种折中方案,都遭无理拒绝,最终中国代表团拒绝在《凡尔赛和约》上签字(图12-10)。中国拒签和约,日本就不能合法地占有在山东的各种非法权益。近代以来,中国被迫一次次在列强圈定的不平等条约上签字,中国拒签《凡尔赛和约》,首开拒签不平等条约的先河。

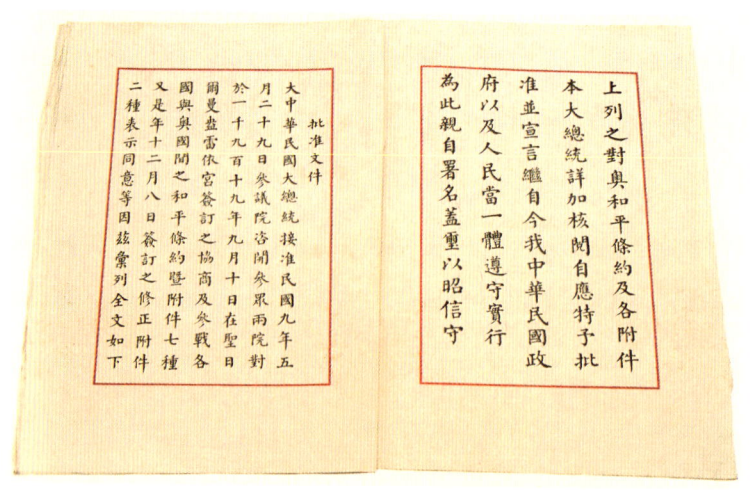

图12-8 《协商及参战各国与奥地利间之和平条约》部分内容①

---

① 台北故宫博物院藏。

结语　不平等条约的废除

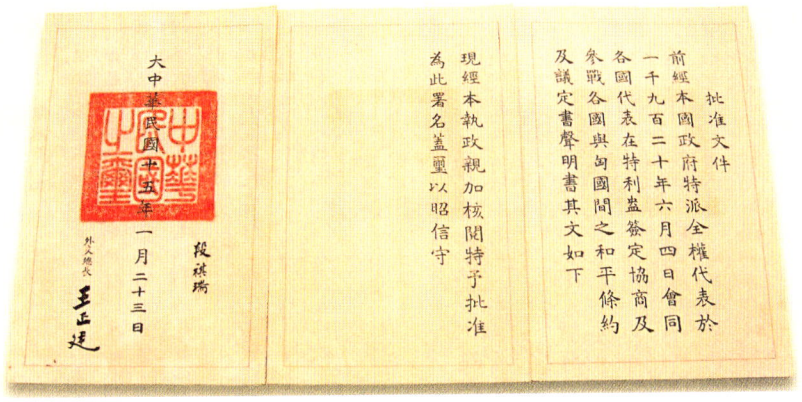

图 12-9　《协商及参战各国与匈牙利间之和平条约》部分内容①

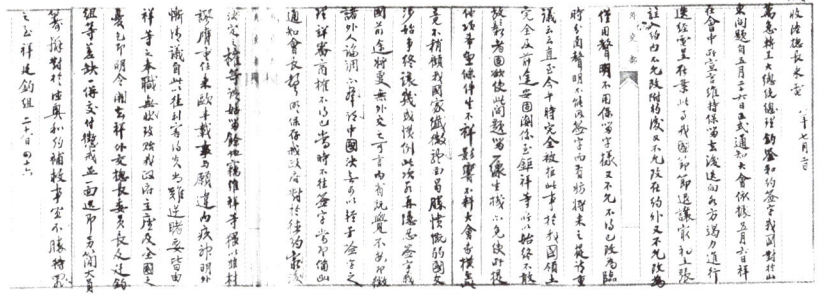

图 12-10　中国外交部拒签《凡尔赛和约》的电报②

虽然中国拒签《凡尔赛和约》，但中德两国都有恢复外交关系的愿望。会后，中德于 1920 年就恢复外交关系进行谈判，1921 年《中德协约》签订，德国依据不平等条约攫取的特权得以全面废除（图 12-11）。

---

① 台北故宫博物院藏。
② 同上。

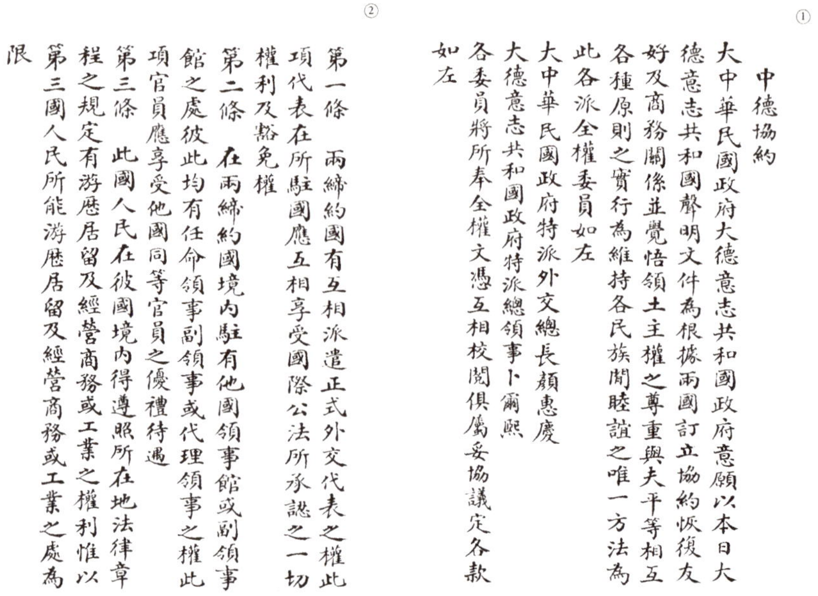

中德协约

大中华民国政府大德意志共和国政府意愿以本日大德意志共和国声明文件为根据两国订立协约恢复友好及商务关系并觉悟领土主权之尊重与夫平等相互各种原则之实行为维持各民族间睦谊之唯一方法为此各派全权委员如左

大中华民国政府特派外交总长颜惠庆

大德意志共和国政府特派总领事卜尔熙

各委员将所奉全权文凭互相校阅俱属妥协议定各款如左

第一条 两缔约国有互相派遣正式外交代表之权此项代表在所驻国应互相享受国际公法所承认之一切权利及豁免权

第二条 在两缔约国境内驻有他国领事馆或副领事馆之处彼此均有任命领事或代理领事之权此项官员应享受他国同等官员之优礼待遇

第三条 此国人民在彼国境内得遵照所在地法律章程之规定有游历居留及经营商务或工业之权惟以第三国人民所能游历居留及经营商务或工业之处为限

图 12-11 《中德协约》部分内容①

第一次世界大战后，中国与一些国家新建外交关系时，开始在平等基础上签订条约。

1919 年中国与玻利维亚签订了平等的《中玻通好条约》，1920 年中国与波斯签订了平等的《中波友好条约》。此外，1921 年，墨西哥以外交照会形式放弃在华领事裁判权。

在 1921 年 11 月到 1922 年 2 月举行的华盛顿会议上，中国再次全面提出修改不平等条约的要求（图 12-12）。中国代表团在会上分别提出了要求关税自主、撤废领事裁判权、撤退没有条约依据的驻华军警、退还租借地、取消外国在华邮局等提案。

① 台北故宫博物院藏。

结语　不平等条约的废除

图 12-12　1921年华盛顿会议，中国代表团发言表达废除不平等条约的诉求①

华盛顿会议受理了中国的诉求，通过了一些有关中国问题的条约，修约进程取得了部分进展。作为核心条约的《九国公约》明确宣示："尊重中国之主权与独立暨领土与行政之完整。"（图12-13）会议还通过了《关于中国领事裁判权议决案》，认为须对中国法律和司法情况详加考察后才能采取有关行动。会议议决组织一个委员会对此进行考察，结果，考察提出的报告书得出了这样的结论：领事裁判权仍应暂时维持，待中国的司法建设达到相当程度时，再商议渐进撤废领事裁判权之办法。

会议通过的《关于中国关税税则之条约》只是决定在三个月内另行召开一次关税特别会议，讨论废除厘金和征收附加税问题。关税特别会议多少取得了一点进展，于1925年11月19日通过决议，各国表示承认中国享有关税自主的权利，允许中国国定关税条例于1929年

---

① 万仁元主编：《袁世凯与北洋军阀》，台湾商务印书馆1994年版。

图 12-13 《九国公约》批准书①

1月1日生效。中国声明同时裁厘。这一决议案为以后国民政府最终实现关税自主打下了基础。②

关于租借地问题,英国允诺交还威海卫,法国允诺交还广州湾,然而事后都迟迟未能兑现。③

中国在华盛顿会议上取得圆满成功的是取消了外国在华邮局。大会通过的《关于在中国之外国邮局议决案》认定:"关于中国政府表示在中国境内之外国邮局除在租借地或为约章特别规定者外期得撤消之志愿,认为公平。"因此,在中国设有这类邮局的英、美、法、日四国同意在1923年1月1日以前将其撤销。④

---

① 台北故宫博物院藏。
② 王建朗:《中国废除不平等条约的历史考察》,《历史研究》1997年第5期,第5—19页。
③ 同上。
④ 同上。

结语　不平等条约的废除

　　北京政府进行修约外交的同时,在中国南方,随着北伐战争的进行,出现了群众性的反帝运动高潮,对租界当局形成了强大压力,部分租界被中国收回。

　　1927年1月初,武汉民众举行庆祝国民政府迁都武汉的活动。英国水兵与民众发生冲突,造成民众死伤。激愤的人群涌入英租界,英工部局无法维持租界秩序,不得不向国民政府外交部请求派军队进入租界保护。5日,由于英租界的巡捕及其公务人员逃避一空,租界管理机关已告瘫痪,所以武汉政府决定建立英租界临时管理委员会,接管租界内一切行政事宜。汉口英租界事件发生后,中英双方经过多次艰难的谈判,在2月19日达成了《汉口英租界协定》。3月4日,武汉政府公布《汉口第三特别区市政局条例》,规定将原汉口英租界改为汉口第三特别区,直属国民政府外交部。这样,中国正式收回了汉口英租界。①

　　九江英租界存在期间,曾经发生过数起中外冲突事件。1927年1月6日,九江民众和英国水兵发生冲突。英水兵退回军舰,英领事和其他官员也纷纷逃避而去。7日,武汉政府派员至九江,成立九江市民对英行动委员会,接管了英租界。此后,国民政府又组织了九江英租界临时管理委员会,负责管理租界事务。同时,中英双方就收回九江英租界进行谈判,2月20日,双方签订《收回九江英租界之协定》。3月15日,武汉国民政府收回九江英租界(图12-14)。②

---

① 王建朗:《中国废除不平等条约的历史考察》,《历史研究》1997年第5期,第5—19页。
② 闻斯:《九江英租界的设立与收回》,《列强在中国的租界》编辑委员会编:《列强在中国的租界》,中国文史出版社1992年版。

图12-14　武汉国民政府外交部长陈友仁就收回汉口、九江英租界接受记者采访①

江西庐山牯岭自1895年开始逐渐被英国人窃据,成为英国租借地。1927年北伐军顺利推进,国民政府收回了牯岭警察权,并将牯岭租借地改为牯岭特区,但是特区内务行政及财务行政权利暂未收回。1934年,中英就收回牯岭开始交涉。1935年12月30日,经中英两国政府核准,庐山管理局与英国驻汉口总领事在庐山图书馆签订《牯岭产业地交还江西省政府协定》,英国交还中国政府发给李德立的租契,中国正式收回庐山牯岭(图12-15)。②此后,庐山成为全国重要的政治中心——南京国民政府的"夏都"。

---

① 上海市历史博物馆等编:《中国的租界》,上海古籍出版社2004年版。
② 陈朝晖、陈蕴茜:《1927—1937年南京国民政府对夏都庐山的建设》,《民国档案》2006年第4期,第64—70页。

结语　不平等条约的废除

图 12-15　1935年中英两国就牯岭避暑地交还中国达成协议①

镇江唯一的租界是英租界(1861—1929)。镇江依据《天津条约》开埠后,1861年1月23日,英国公使馆参赞巴夏礼与常镇通海道员江清骥订立租地批约,划定镇江西城外云台山地带为英租界,占地142亩;2月23日,镇江知府师荣光与英国参赞巴夏礼订立开辟镇江英租界的约章,确定将距离镇江西门约5里远的一块毁于太平天国战争的空地租给英国人,后来实测面积为156亩。镇江英租界初设时,由于镇江仍有太平军活动,英美商人就在长江北岸的江都七濠口进行贸易。战后,外国商人才到南岸租界内租地建屋。②

镇江人民一直同英国殖民统治斗争,为收回英租界进行努力。早在1899年,租界巡捕殴打中国小贩,积怨已久的镇江人民放火焚毁了英国领事馆。1927年3月,北伐军进入镇江,英租界事实上已经由中方控制。1929年11月,国民政府正式收回镇江英租界。③

1927年3月23日,北伐军占领镇江,中方即于次日应英驻镇江领

---

① 上海市历史博物馆等编:《中国的租界》,上海古籍出版社2004年版。
② 吴芳:《镇江博物馆藏〈镇江英国领事馆房地产档案〉——兼论镇江英租界的收回》,《东方博物》2011年第4期,第4、69—76页。
③ 同上。

事要求接管了英租界的巡捕岗位。3月24日,北伐军进入镇江,英国领事主动令巡捕撤退,全体英国侨民撤出。镇江商会商团进入租界接收工部局,巡捕房改由镇江公安局设立警署。6月,镇江市公安局在租界设立特别区署,租界事实上被中国收回。1929年11月11日,国民政府收回镇江英国租界行政管理权;11月15日,正式举行收回镇江英租界典礼。① 现存于镇江博物馆的《中华民国江苏镇江县政府地税契据》是收回镇江英租界的历史见证。(图12-16、图12-17、图12-18、图12-19)

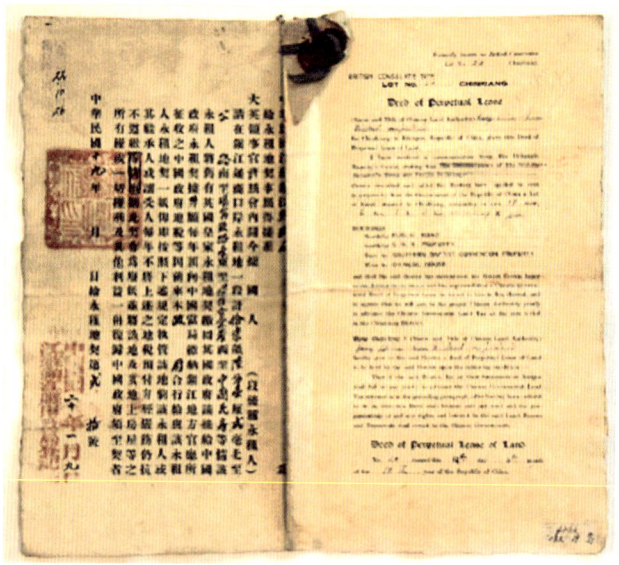

图12-16　《中华民国江苏镇江县政府地税契据》②

① 李植中:《镇江人民收回英租界的斗争》,《列强在中国的租界》编辑委员会编:《列强在中国的租界》,中国文史出版社1992年版;陈明远:《百年租界的数目、面积和起讫日期》,《社会科学论坛》2013年第6期,第33—53、61页。
② 原文如下:"中华民国江苏镇江县政府,为给永租地契事照得接准大英领事官许照会内开……并将该地及其地上房屋等之所有权或一切权利及其他利益一并复归中国政府。"吴芳:《镇江博物馆藏〈镇江英国领事馆房地产档案〉》,《东方博物》2011年第4期,第4、69—76页。

结语　不平等条约的废除

图 12-17　镇江英国领事馆旧址（1889 年被镇江人民焚毁，后重建，主楼刻有 1890 字样，现为镇江市博物馆。费杰摄）

图 12-18　镇江英国领事馆的会议室（费杰摄）

图 12-19 收回英租界后的镇江（约 1933 年）①

威海卫英国租借地的收回问题延宕多年。早在 1921 年华盛顿会议，英国即提出主动交还威海卫。但在谈判过程中，英国又提出续租刘公岛等条件，遭到中国人民反对。加之北京政府政局不稳，收回威海卫一事迟未解决。直到 1930 年 4 月，中英双方签订《中英交收威海卫专约》及有关协定，中国才终于收回威海卫租借地（图 12-20、图 12-21）。

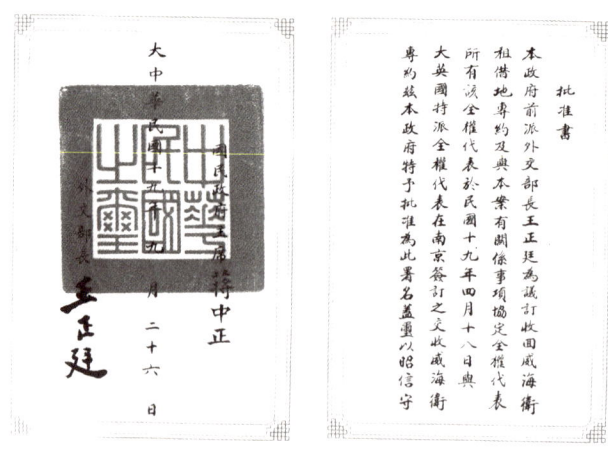

图 12-20 《中英交收威海卫专约》批准书②

---

① 伍联德主编：《老照片·中华景象》，南京出版社 2015 年版。
② 台北故宫博物院藏。

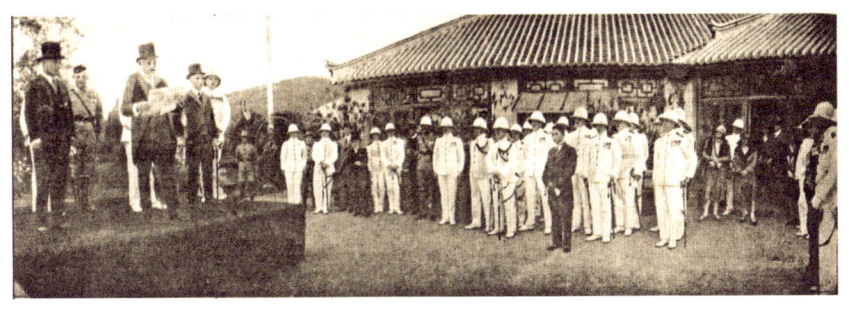

图 12-21 1930 年 10 月中英威海卫租借地交接仪式①

1927 年，比利时表示愿意交还天津比租界。后经过长期谈判，中比于 1929 年 8 月达成《中比间关于比国交还天津比国租界协定》(图 12-22)。1931 年初，比利时正式交还天津比租界(图 12-23)。

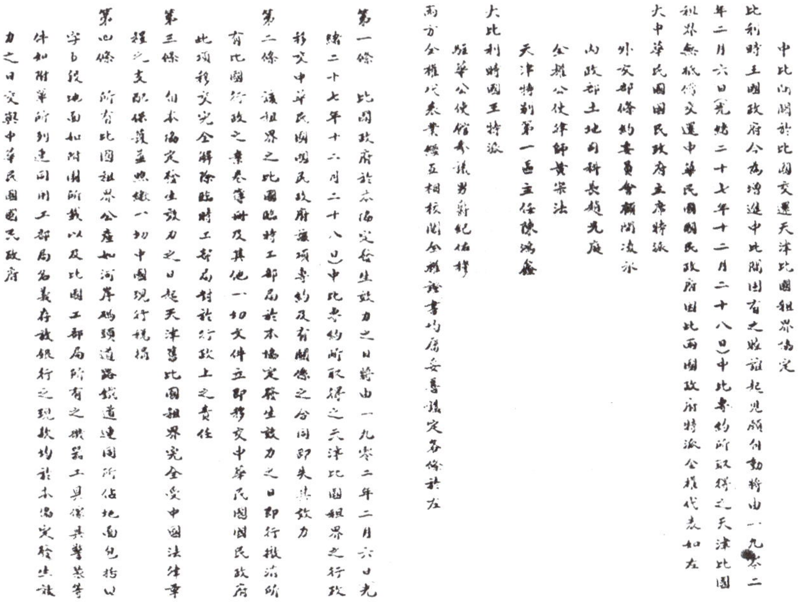

中比间关于比国交还天津比国租界协定

比利时王国政府兹为增进中比两国固有之睦谊起见愿自动将由一九零二年二月六日(光绪二十七年十二月二十八日)中比专约所取得之天津比国租界无条件交还中华民国国民政府因此两国政府特派全权代表如左

大中华民国国民政府主席特派
外交部条约委员会顾问凌冰
内政部土地司科长赵光庭
全权公使律师黄宗法
天津特别第一区主任陈鸿鑫
大比利时国王特派
驻华公使馆参议男爵纪佑穆
两方全权代表业经互相校阅全权证书均属妥善议定各条款如左

第一条 比国政府于本协定发生效力之日将由一九零二年二月六日(光绪二十七年十二月二十八日)中比专约所取得之天津比国租界之行政移交中华民国国民政府该项专约及有关系之合同即失其效力

第二条 该租界之比国临时工部局于本协定发生效力之日即行撤消所有比国行政之案卷簿册及其他一切文件立即移交中华民国国民政府此项移交完全解除临时工部局对于行政上之责任

第三条 自本协定发生效力之日起天津旧比国租界完全受中国法律章程之支配保护并照缴一切中国现行税捐

第四条 所有比国租界公产如河岸码头道路铁道连同所占地面包括以字B段地面如附图所载以及比国工部局所有之机器工具傢具警装等件如附单所列连同该工部局名义存放银行之现款均于本协定发生效力之日交与中华民国国民政府

图 12-22 《中比间关于比国交还天津比国租界协定》部分内容②

① 上海市历史博物馆等编:《中国的租界》,上海古籍出版社 2004 年版。
② 台北故宫博物院藏。

近代中外条约图志

图 12-23　1931 年，比利时交还天津比租界①

1927 年，蒋介石、汪精卫相继发动反革命政变，国共合作破裂。南京国民政府和武汉国民政府合并，国民政府的革命性质发生重大变化，不过废除不平等条约的事业仍继续进行。5 月 11 日，南京政府外交部长伍朝枢发表了《国民政府将采取正当手续废除一切不平等条约之宣言》。

南京政府自行宣告中国关税自主，但受到了列强的抵制。1927 年，国民政府基本统一全国，在对外交涉中拥有了更大的权威性，与列强重启交涉关税自主议题。1928 年 7 月，中美签订《整理中美两国关税关系之条约》（图 12-24），至 1930 年，中国陆续与列强签订相关条约，基本实现关税自主。

废除领事裁判权是中国希望达到的另一个主要目标，但因为英、美等国的抵制，未能取得重大突破，只是在租界法院问题上取得了一些进展。1930 年 2 月 17 日，经过艰苦谈判，中国代表徐谟与英、美、法等国

---

① 上海市历史博物馆等编：《中国的租界》，上海古籍出版社 2004 年版。

结语　不平等条约的废除

驻华公使及代办签署了《关于上海公共租界内中国法院之协定》。7月28日，中法代表签署了《关于上海法租界内设置中国法院之协定》，取消了法租界内的会审公廨（图12-25、图12-26）。

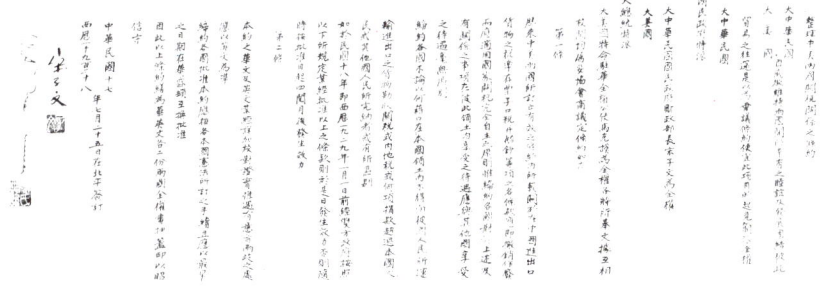

图12-24　《整理中美两国关税关系之条约》部分内容①

图12-25　1931年上海法租界会审公廨改为江苏高等法院第三分院与江苏上海第二特区地方法院②

① 台北故宫博物院藏。
② 上海市历史博物馆等编：《中国的租界》，上海古籍出版社2004年版。

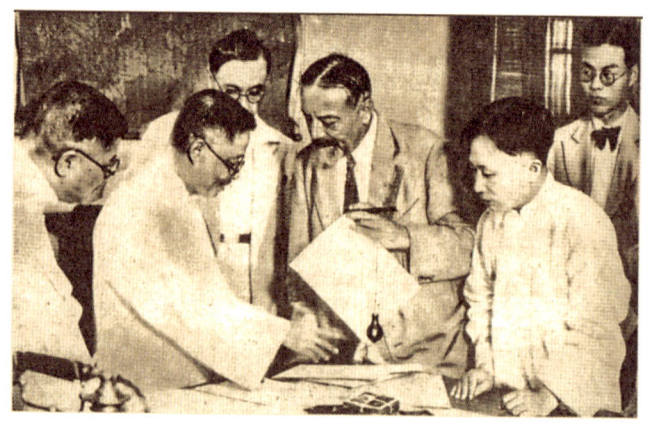

图 12-26　1931 年上海法租界会审公廨改为江苏高等法院第三分院与江苏上海第二特区地方法院,中法双方在办理移交手续①

正当中外修约交涉进入关键阶段之时,1931 年 9 月,日本发动九一八事变,侵占中国东北。国难当头,抵抗日本的侵略成为当务之急,修约进程被迫中止。1937 年 7 月,抗日战争全面爆发,推动了中国摆脱在旧的国际体系中所处不平等地位的进程。全面抗战前期,废约问题并未提上议事日程,但作为对中国的一种道义支持和精神声援,美、英政府数次声明,将在远东战争结束后与中国讨论废约问题。②

1941 年 12 月,太平洋战争爆发,中国即正式对德、意、日宣战,同时宣布"所有一切条约协定合同",有涉及中德、中意或中日间之关系者"一律废止"。这样,中国与日、意之间的不平等条约即行取消。不久,中国与英、美正式形成反法西斯的盟国关系,并成为领衔签署《联合国家宣言》的四大国之一。中国战场在军事上的重要性及中国在新的国际关系中的重要地位,使得中国与英、美等盟国间不平等条约的存在显得非常不合情理。因此,中国和英、美等国都开始考虑提前废

---

① 上海市历史博物馆等编:《中国的租界》,上海古籍出版社 2004 年版。
② 王建朗:《中国废除不平等条约的历史考察》,《历史研究》1997 年第 5 期,第 5—19 页。

约的问题。1942年10月10日,英、美宣布准备立即与中国政府就废约问题进行谈判。①

在废约问题上,美国政府是比较有诚意的,因而中美较为顺利地解决了废约问题。但英国政府不那么友善,中英之间的谈判较为艰难。其中的难点是香港问题。中国政府希望英国归还其借由1898年《展拓香港界址专条》获得的租借地——香港新界,遭到英国无理拒绝。无奈之下,中国政府只能妥协退让,以照会形式"保留日后提出讨论之权"。香港新界的归还问题被迫搁置,中英废约因而具有很大的局限性,留下历史的遗憾。

1943年1月,中国驻美大使魏道明与美国国务卿赫尔分别代表两国政府在华盛顿签署了《中美关于取消美国在华治外法权及处理有关问题条约》,即《中美新约》(图12-27、图12-28)。同时,中国外交部部长宋子文与英国驻华大使薛穆在重庆签署了《中英关于取消英国在华治外法权及其有关特权条约》,即《中英新约》(图12-29、图12-30)。同年5月,中、美、英政府正式交换、批准。与美、英签订平等新约以后,1943年8月至1945年5月,中国陆续与巴西、比利时、卢森堡、挪威、加拿大、瑞典、荷兰等国家签署了类似条约,废止了这些国家在华享有的各种特权。二战胜利后,中国又与法国、丹麦、瑞士和葡萄牙等国签订了平等新约(图12-31、图12-32)。据以上新约,外国在中国的下列特权被取消:1.领事裁判权;2.上海及厦门公共租界、天津及广州英国租界及其特权;3.各国不平等条约规定的通商口岸与商埠;4.外籍领港人;5.海关总务司必须由英国人担任的规定;6.沿海贸易权及内河航行权;7.1901年《辛丑条约》所规定的一切特权;8.新约未涉及的其他影响中国主权的问题,随时会商解决。

---

① 王建朗:《中国废除不平等条约的历史考察》,《历史研究》1997年第5期,第5—19页。

新约签订，国民政府为此发表《告全国军民书》，中共中央为此发布《关于庆祝中英、中美间废除不平等条约的决定》。陕甘宁边区政府为庆祝新约，通知放假。重庆、延安等地一片欢腾。

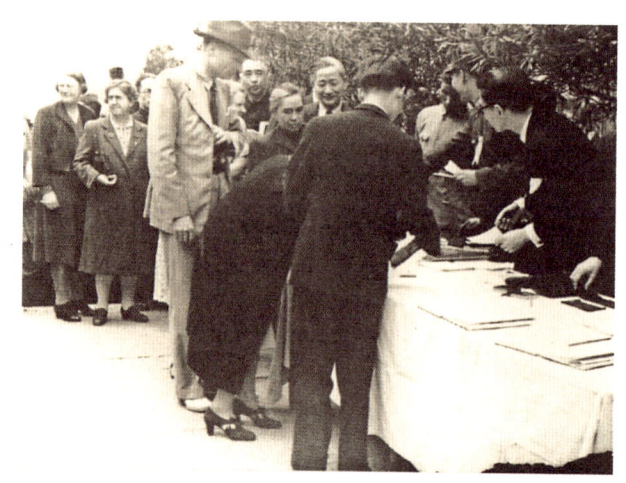

图 12－27　1943 年《中美新约》在华盛顿签署①

(1)

中美關於取消美國在華治外法權及處理有關問題條約

中華民國 美利堅合眾國 為欲重視兩國人民間素來之友好關係，並以平等與主權國家之資格，表示共同志願，使彼此所承認規定人類關係之高尚原則得以發揚光大，決定訂立條約，以謀調整兩國間有關事項，各派全權代表如左：

中華民國國民政府主席特派

駐美利堅合眾國特命全權大使魏道明，

美利堅合眾國大總統特派

外交部部長赫爾，

兩全權代表各將所奉全權證書互相校閱，均屬妥善，議定條款如左：

(2)

第一條　現行中華民國與美利堅合眾國間之條約與協定，凡授權美利堅合眾國政府或其代表實行管轄在中華民國領土內美利堅合眾國人民之一切條款，茲特撤銷作廢。美利堅合眾國人民在中華民國領土內，應依照國際公法之原則及國際慣例受中華民國政府之管轄。

第二條　美利堅合眾國政府認為一九零一年九月七日中華民國政府與他國政府，包括美利堅合眾國政府，在北京簽定之議定書應行取消，並同意該議定書及其附件所給予美利堅合眾國政府之一切權利應予終止。美利堅合眾國政府願協助中華民國政府與其他有關政府成立必要之協定，將北平使館界之行政與管理，連同使

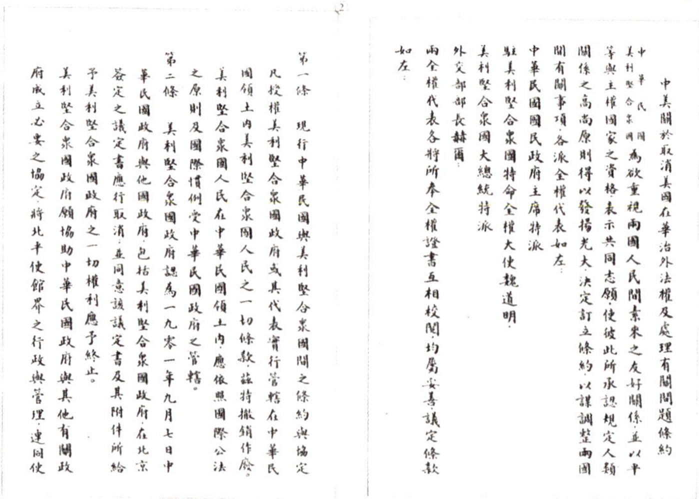

图 12－28　《中美新约》部分内容②

① 上海市历史博物馆等编：《中国的租界》，上海古籍出版社 2004 年版。
② 台北故宫博物院藏。

结语　不平等条约的废除

图 12-29　1943 年《中英新约》在重庆签署①

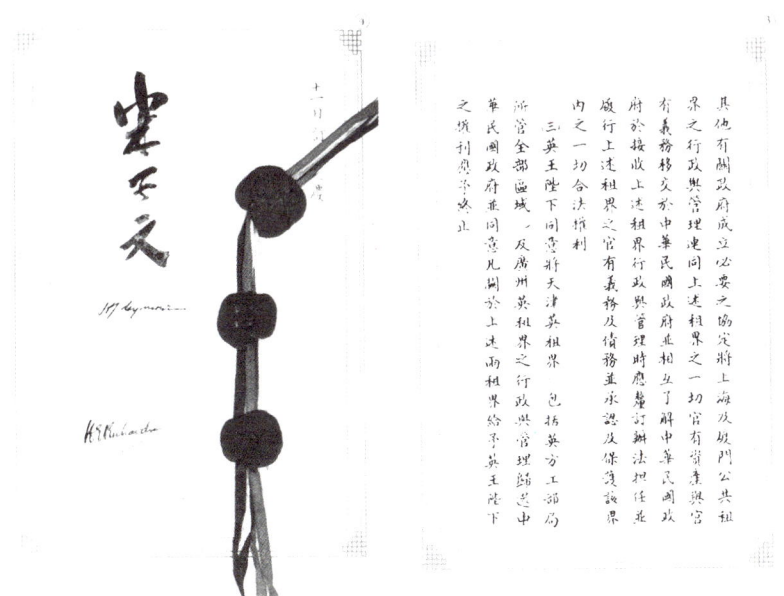

图 12-30　《中英新约》部分内容②

① 上海市历史博物馆等编：《中国的租界》，上海古籍出版社 2004 年版。
② 台北故宫博物院藏。

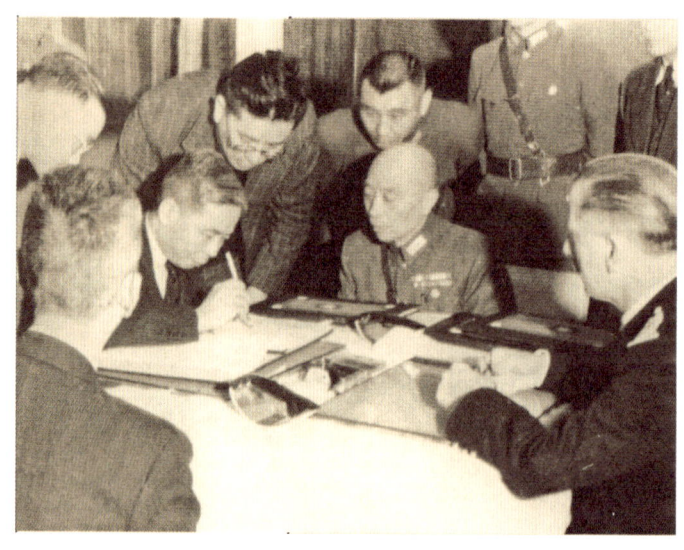

图 12－31　1946 年《中法新约》在重庆签署①

①

中法關於法國放棄在華治外法權及其有關特權條約

中華民國國民政府
法蘭西共和國臨時政府 為欲鞏固兩國間素來之友好關係並以平等與主權國家之資格對於有關在中國之司法管轄權之若干事項認為有加以調整之必要決定訂立本約各派全權代表如左

中華民國國民政府特派
中華民國外交部部長王世杰博士
法蘭西共和國臨時政府特派
法蘭西駐中華民國特命全權大使梅理藹先生
兩全權代表各將所奉全權證書互相校閱均屬妥善

②

議定條款如左

第一條

一、本約所適用之締約雙方領土在中華民國國民政府方面為中華民國之一切領土在法蘭西共和國政府方面為法國本土阿爾日里法國海外一切殖民地及保護國以及置於法國委任統治下之一切領土本約以下各條所稱締約此方或彼方之領土應視為指本約所適用之各該方一切領土

二、本約內「締約此方或彼方人民」字樣在中華民國國民政府方面指一切中華民國人民在法蘭西共和

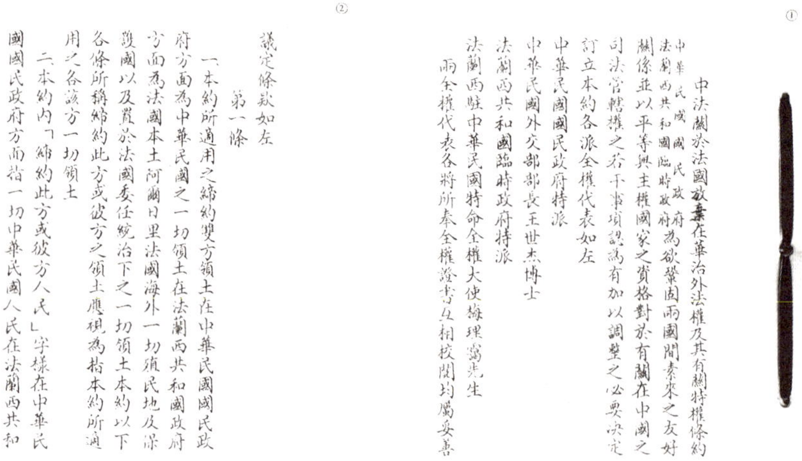

图 12－32　《中法新约》部分内容②

另外，日本为了拉拢汪精卫伪国民政府，在 1940 年《日汪基本关系条约及附属秘密协约》中也虚伪地声称“撤销其在中华民国所有的治外

① 上海市历史博物馆等编:《中国的租界》，上海古籍出版社 2004 年版。

② 台北故宫博物院藏。

结语 **不平等条约的废除**

法权,并交还其租界"①。实际上,在中国横遭日本侵略的战争状态下,这一规定完全是自欺欺人。1943年,听命于轴心国的法国维希政府与汪精卫伪国民政府就废除所谓领事裁判权和交还租界等达成所谓废除不平等条约的协议。② 同年6月,维希政府先期"交还"天津、汉口和广州法租界,7月,又"交还"上海法租界(图12-33)。

汪伪政府的这些协议和行动在法律上当然是无效的。荒谬的是,汪伪政府在"收回"领事裁判权和租界的同时,竟然于1943年1月9日对美、英等反法西斯国家宣战,声称:"自今日起,对英美处于战争状态,当悉其全力,与友邦日本协力,一扫英美之残暴,以谋中国之复兴,东亚之解放。"③汪伪毫无宗旨的无耻卖国嘴脸让人瞠目。

图12-33 1943年7月,法国维希政府向汪伪政府"交还"上海法租界④

① 李育民、许健柏:《抗战时期的中外条约关系论析》,《晋阳学刊》2014年第3期,第53—64页。
② 葛夫平:《抗战时期法国对于废除中法不平等条约的态度》,《抗日战争研究》2003年第3期,第25—50页。
③ 石源华:《汪伪政府对英、美"宣战"述论》,《军事历史研究》1999年第4期,第40—44页。
④ 上海市历史博物馆等编:《中国的租界》,上海古籍出版社2004年版。

271

1945 年，抗战胜利，中国本应彻底废除不平等条约束缚，但是国民政府在收回香港、澳门等问题上妥协了。更令人扼腕的是，国民政府与苏联签订了新的不平等条约——《中苏友好同盟条约》，造成外蒙古脱离中国，并丧失东北地区大量主权。

中国共产党向来坚决主张废除不平等条约。早在瑞金时期，1931 年 11 月通过、1934 年 1 月修改的《中华苏维埃共和国宪法大纲》即规定：“中华苏维埃政权以彻底的将中国从帝国主义榨压之下解放出来为目的，宣布中国民族的完全自主与独立，不承认帝国主义在华的政治上，经济上的一切特权，宣布一切与反革命政府订立的不平等条约无效。”①(图 12 - 34)

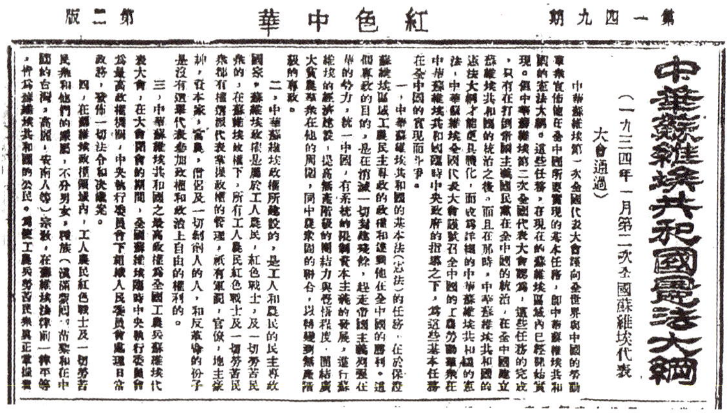
第一四九期　紅色中華　第二版

中華蘇維埃共和國憲法大綱

(一九三四年一月第二次全國蘇維埃代表大會通過)

中華蘇維埃第一次全國代表大會謹向全世界與中國的勞動群衆宣佈他在全中國所要實現的基本任務，即中華蘇維埃共和國的憲法大綱。這些任務，在現在的蘇維埃區域內已經開始實現。但中華蘇維埃第二次全國代表大會認爲，這些任務的完成，只有在打倒帝國主義國民黨在全中國的統治，在全中國建立蘇維埃共和國的統治之後，而且在那時，中華蘇維埃共和國的憲法大綱才能更具體化，而成爲詳細的中華蘇維埃共和國的憲法。中華蘇維埃全國代表大會號召全中國的工農勞動群衆在中華蘇維埃共和國臨時中央政府的指導之下，爲這些基本任務在全中國的實現而斗爭。

一，中華蘇維埃共和國的基本法(憲法)的任務，在於保證蘇維埃區域工農民主專政的政權和達到他在全中國的勝利。這個專政的目的，是在消滅一切封建殘餘，趕走帝國主義列强在華的勢力，統一中國，有系統的限制資本主義的發展，進行蘇維埃的經濟建設，提高無產階級的團結力與覺悟程度，團結廣大貧農群衆在他的周圍，同中農鞏固的聯合，以轉變到無產階級的專政。

二，中華蘇維埃政權所建設的，是工人和農民的民主專政國家。蘇維埃政權是屬於工人農民，紅色戰士，及一切勞苦民衆的，在蘇維埃政權下，所有工人農民紅色戰士及一切勞苦民衆都有權選派代表掌握政權的管理，祇有軍閥，官僚，地主豪紳，資本家，富農，僧侶及一切剝削人的人，和反革命的份子是沒有選舉代表參加政權和政治上自由的權利的。

三，中華蘇維埃共和國之最高政權爲全國工農兵蘇維埃代表大會，在大會閉會的期間，全國蘇維埃臨時中央執行委員會爲最高政權機關，中央執行委員會下組織人民委員會處理日常政務，發佈一切法令和決議案。

四，在蘇維埃政權領域內，工人農民紅色戰士及一切勞苦民衆和他們的家屬，不分男女，種族(漢滿蒙回藏苗黎和在中國的台灣，高麗，安南人等)宗教，在蘇維埃法律前一律平等，皆爲蘇維埃共和國的公民。爲使工農兵勞苦民衆真正掌握着

图 12 - 34　《中华苏维埃共和国宪法大纲》部分内容②

1949 年，中华人民共和国成立，中国历史进入新纪元。中华人民共和国政府不再软弱、妥协，坚决废除不平等条约的束缚。作为中华人民共和国临时宪法的《共同纲领》宣布：“中华人民共和国必须彻底取

① 母学勇：《一件珍贵的革命文物——中华苏维埃共和国〈宪法大纲〉》，《四川文物》1991 年第 4 期，第 43—45 页；陈奕善：《中国人民当家作主的第一部根本大法——试析〈中华苏维埃共和国宪法大纲〉》，《新疆师范大学学报(社会科学版)》1982 年第 2 期，第 10—15 页。

②《红色中华》第 149 期，1934 年 1 月 17 日。

消帝国主义国家在中国的一切特权。"中华人民共和国对于旧约的立场既是坚定的,处理方法又是灵活的。《共同纲领》规定:"对于国民党政府与外国政府所订立的各项条约和协定,中华人民共和国中央人民政府应加以审查,按其内容,分别予以承认,或废除,或修改,或重订。"中国政府对不同国家采取了不同的对策。

美国是当时与新中国最为敌对的国家。中国政府对1946年《中美友好通商航海条约》等条约采取了不予承认的立场,美国此前在中国所享有的特权至此在大陆全部丧失。

苏联是新中国在成立初期最重要的盟友。对于《中苏友好同盟条约》,中国政府并没有断然宣布废除,而是积极地与苏联政府重新谈判。1950年2月,中苏重新缔结平等新约——《中苏友好同盟互助条约》及有关协定。该条约规定在1952年末之前,苏联将中长路的一切权利及一切财产无偿移交中国,苏军从旅顺口撤出,大连行政完全由中国政府管辖,苏方临时代管或租用的财产,由中国政府接收。这样,除外蒙古(今蒙古国)独立这一既成事实未能挽回外,《中苏友好同盟条约》其他不平等条款得以废除。

不平等条约的最后废除,是香港和澳门问题的解决。

香港问题源自19世纪中后期中英之间的三个不平等条约。1842年,中英《南京条约》规定中国割让香港岛给英国。① 1860年,中

---

① Treaty of Nanking, 1842. In: *China Imperial Maritime Customs*, Ⅲ Miscellaneous Series, No. 30. Treaties, Conventions etc. between China and foreign states, Vol. 1. the Statistical Department of the Inspectorate General of Customs, 1908. 原文中文版如下:"今(中国)大皇帝准将香港一岛给予大英国君主暨嗣后世袭主位者常远据守主掌,任便立法治理。"英文版记作:"His majesty, the emperor of China, cedes to her majesty the Queen of Great Britain, etc, the Island of Hongkong, to be possessed in perpetuity by Her Britannic Majesty, Her Heirs and Successors and to be governed by such laws and regulations as Her Majesty the Queen of Great Britain, etc, shall see fit to direct."

英《北京条约》规定,中国割让与香港岛隔海相望的"九龙司地方一区"给英国。① 1898年,中英再度签署《展拓香港界址专条》,英国强租面积十余倍于香港岛的"新界"地区,租期99年。出于复杂的历史原因,香港问题长期没有解决(图12-35)。直到1984年,中英两国通过艰苦谈判,终于达成《中华人民共和国政府和大不列颠及北爱尔兰联合王国政府关于香港问题的联合声明》,其中规定:中国政府自1997年7月1日起对香港恢复行使主权。

图12-35 英国占领下的香港(1850年前后)②

澳门被葡萄牙窃据长达数百年(图12-36)。1553年,葡萄牙人通过贿赂中国地方官员,开始在澳门居留。明、清政府虽然允许葡萄牙人在澳门居住,但仍对澳门行使主权。鸦片战争后,葡萄牙人趁火打劫进行侵略。1845年葡萄牙政府悍然宣布澳门为"自由港",任命亚马留

---

① Convention of Peking,1860. In: *China Imperial Maritime Customs*,Ⅲ Miscellaneous Series,No. 30. Treaties,Conventions etc. between China and foreign states,Vol. 1. the Statistical Department of the Inspectorate General of Customs,1908.

② [美]李士风著、译:《晚清华洋录:美国传教士、满大人和李家的故事》,上海人民出版社2004年版。

为澳门总督,并不断蚕食周边的土地。①

1887年《中葡里斯本草约》签订,该条约首次规定:"葡国永驻管理澳门以及属澳之地,与葡国治理他处无异。"由此,葡萄牙人侵占澳门得到不平等条约的庇护。不过,该条约又规定,"若未经中国首肯,则葡国永不得将澳地让与他国",为中国保留了部分权利。1887年,中国与葡萄牙签订《中葡和好通商条约》,正式确认了《中葡里斯本草约》对澳门问题的规定。②《中葡和好通商条约》有效期10年,期满若不修订则继续有效。1928年,该条约被宣布期满失效,中华民国政府与葡萄牙重新签订了新的《中葡和好通商条约》,没有提及澳门问题。从此,葡萄牙占据澳门已失去了任何条约庇护,但葡萄牙人仍实际控制澳门。

图 12-36　葡萄牙占领下的澳门(1901年前后)③

---

① 黄启臣:《澳门主权问题始末》,《中国边疆史地研究》1999年第2期,第1—11页;赵克仁:《澳门问题的历史考察》,《中国边疆史地研究》1999年第3期,第1—7页;李平生:《澳门问题的由来及其解决》,《理论学刊》1999年第5期,第29—33页。

② Protocol of Lisbon, 1887; Treaty of Peking, 1887. In: *China Imperial Maritime Customs*, Ⅲ Miscellaneous Series, No. 30. Treaties, Conventions etc. between China and foreign states, Vol. 2. the Statistical Department of the Inspectorate General of Customs, 1908.

③ [德]穆默图,程玮译,闵杰编撰:《德国公使照片日记(1900—1902)》,福建教育出版社2016年版。

中华人民共和国政府在1987年与葡萄牙签署《中华人民共和国政府和葡萄牙共和国政府关于澳门问题的联合声明》,中国政府于1999年12月20日对澳门恢复行使主权。

至此,近代中国历史上的不平等条约终于全部废除,百余年的国耻得以彻底洗刷。